HISTORIA DE ALMUÑÉCAR

Siglos XVIII-XIX

Gabriel Medina Vilchez

Principado de Montecristo, Febrero 2022

La historia de Almuñécar está vinculada desde antaño de un modo indivisible con la del resto de poblaciones limítrofes y aquellas que forman parte del sistema económico, político, militar o cultural de su zona.

Motril es uno de esos lugares que desde siempre ha compartido unos nexos sociales y económicos con Almuñécar, y por tanto la historia de ambos lugares está unida, y no sólo eso, existe una doble vinculación que quizá en esta época no apreciemos, pero en los siglos XVIII y XIX en los que se centra estas referencias históricas, Motril y Almuñécar tenían una relación directa tanto por tierra como por mar; algunas veces eran relaciones complicadas, ya que cada lugar quería prevalecer administrativamente sobre el resto; pero siempre, o la mayoría de las veces, era una simbiosis adecuada a los intereses de ambos núcleos de población.

Las referencias que acompañan esta publicación son un nítido ejemplo de lo indicado. Se trata de datos cronológicos de la historia de Motril en los que Almuñécar o "sexitania" han formado parte de ellos, y como bien podrá apreciar en su contenido, han sido muy numerosas las veces en las que Almuñécar formó parte de la vida de Motril, en todos sus aspectos.

Valga esta pequeña recopilación como reconocimiento a Almuñécar, a sus gentes y a su historia.

Gabriel Medina Vílchez
Montecristo, Febrero 2022

1706-1707.Granada.[1]

Juan Bautista de Nasion, berberisco y vecino de Motril, con el escribano público de Almuñécar sobre la expedición de un traslado de escritura de libertad.

1707-1706.Granada.[2]

Juan Bautista de Nasion, berberisco y vecino de Motril, con el escribano publico de Almuñécar sobre la expedición de un traslado de escritura de libertad.

1709,Febrero.Teruel.[3]

El mariscal de campo Melchor Medrano y Mendoza toma posesión como corregidor de Teruel, tras haber sido gobernador de Almuñécar, Salobreña, Castell de Ferro y Motril.

1711.Almuñécar.[4]

Nace José Antonio Garvayo de Luna.

Hijo de Antonio Garvayo Chavarino, y de María de Luna Villafranca, ambos de Almuñécar.

Nieto de Pedro Garvayo, y de Ana Chavarino Veneroso de Rivas, ambos de Almuñécar.

Biznieto materno de Juan Bautista Chavarino Veneroso Ferrari y Molina, y de Jerónima Rivas de Calderón y Vargas.[&]

1727,Junio,6. Motril.[5]

El capitán Antonio Rodríguez presenta como testigo a José García Quevedo, maestro boticaio de la ciudad.

"En la Ciudad de Motril a seis Dias del mes de junio de mill setezientos Veinte y siete [...] Yo el rrezepr rrezeui Juramento [...] de D.n Joseph Garzia de quebedo Maestro de boticario de esta dha Ciudad el qual lo hizo y ofrezio dezir verdad y preguntado al tenor de las preguntas del interrogatorio para que es presentado Dijo lo siguiente

1.- A la primera pregunta= Dijo conoze desde que tiene vso de Razon a D.n Antonio Rodrigu[ez] Rexidor de esta Ciud Y tiene notizia de esta causa y rresponde

A las xenerales de la ley que le son notorias Dijo que no le tocan en ningun grado Y que es de hedad de treinta y dos as y Rde

2.- A la segunda pregunta= Dijo que el Dia quinze de julio que rrefiere la pregunta siendo Como entre Diez i onze de la mañana biniendo el testigo montado en su Cavallo de la Ciudad de almuñecar de ajustar vnos bueies pasando por lo alto de la calle de las cañas Con dhas rreses bio entre las Casas del dho Don Antonio rRodríguez Y las de Lorenzo Martinez Mescua Cordonero, Bulla, lo que le motibo a detenerse y bido que Miguel Barranco y franco rruiz Ministros ordinarios tenian en el suelo a un Mozo a quien traian a mal traer Y este dava bozes pidiendo socorro Diziendo lo dejasen que lo aogavan a cuio tiempo subiendo la Calle arriba el dho Don Antonio rRodríguez llego a dho tumulto y rruido de bozes y dijo a dhos Ministros deja ese hombre con lo qual sin rrepugnanzia alguna los solto el franco Ruiz pero el miguel Barranco no quiso lo que le motibo a dho D.n Antonio bolverle a rreplicar lo soltase Y apreguntar que delito tenia para tanto ajamto, a lo q dho Barranco rrespondio Y Juntamente el mozo que ninguno Con lo qual dho Don Antonio llego y agarro a barranco Y lo aparto Diziendo pues si no tiene delito baiase con Ds y el moso se fue y acavado lo rreferido se separaron todos iendose el D.n Antonio â su casa los ministros de la calle y el testigo a la suia sin que en el caso que deja dho ubiese bisto el que depone arma ninguna, âsi al dho hombre Como ni tampoco a los ministros ni a dho D.n Antonio ni que este vbiese ultrajado de obra ni de palabra a los rreferidos [...]

3.- A la terzera pregunta= Dijo que en parte de su contenido se rremite a lo que deja dho en la antezedente y en quanto a lo demas no tiene notizia y rresponde

4.- A la quarta pregunta= Dijo que lo mas comun que los ministros ordinarios de esta Ciud vsan es traer bastones y estos Comunmente colgados de los botones de la casaca ô chupa y no en todas las ocasiones porque de ordinario no llevan insigna alguna y andan con capas pardas, Y en el lanze rreferido no hizo reparo si tenian o no bastones pero si los bido estavan con Capas de paño burdo y esto es lo que puede dezir y rresponde

5.- A la quinta pregunta= Dijo es publico en esta Ciud q dho Gobernador tiene enemistad con el rreferido D.n Antonio rRodríguez por las dependienzs Que los dos an tenido, pero no le consta los motibos que an ocasionado la dha enemistad ni puede dezir otra Cosa de la pregunta. Y auiendole leido las dos deposiziones de los rreferidos Miguel Barranco y franco Ruiz con que da prinzipio la suMaria fha por dho Gobernador oydas y entendidas Dijo no estar echas Con legalidad pues lo que consta de ellas no es lo que paso en dho lanze pues la rrealidad es lo que tiene deClarado y se persuade a que con algun odio faltarian â la verdad y esto es lo q puede dezir y Responde.

1 Catálogo de Pleitos de la Real Audiencia y Chancillería de Granada. Caja:14545 Pieza:25 - [febrero 2012]

2 Catálogo de Pleitos de la Real Audiencia y Chancillería de Granada. Caja:14545 Pieza:25 - [febrero 2012]

3 http://ifc.dpz.es/recursos/publicaciones/19/15/7gimenez.pdf [septiembre 2011]

4 http://gw.geneanet.org/lazarocarrasco?lang=fr;p=jose+antonio;n=garvayo+de+luna [diciembre 2014], http://gw.geneanet.org/lazarocarrasco?lang=fr;p=antonio;n=garvayo+chavarino [diciembre 2014]

5 Unos testigos presentados por parte de D. Antonio Rodríguez, vecino y regidor de Motril...6

6.- A la sesta pregunta= Dijo que lo que lleva dho es publico y notorio en esta Ciud entre las personas que lo saben como el testigo publica boz y fama, Y esto mesmo lo ubiera declarado ante el Vicario de esta Ciudad si no ubiera alladose fuera de ella a la sason que se publicaron sensuras por ser todo ello la verdad [...]

Firmas de Joseph Garzia Quebedo y de Berdo Antto Cauello Balttodano"

1740.Motril.[6]

Contraen matrimonio José Antonio Garvayo de Luna, de Almuñécar, con Ana González Bueno de Labe, también de Almuñécar.[&]

1743,Febrero,7-1754,Junio,18.Madrid.[7]

Cuentas dadas a Ana Dorotea Ordóñez Portocarrero, VIII marquesa de Cardeñosa, y a Cristóbal Rafael Fernández de Córdoba Ordóñez, V marqués de Valenzuela y IV marqués de Algarinejo, su hijo, de los beneficios obtenidos de las rentas de alcabalas en Almuñecar y Motril, desde el año de 1.743 a 1.754.[&]

1754,Junio,18-1743,Febrero,7.Madrid.[8]

Cuentas dadas a Ana Dorotea Ordóñez Portocarrero, VIII marquesa de Cardeñosa, y a Cristóbal Rafael Fernández de Córdoba Ordóñez, V marqués de Valenzuela y IV marqués de Algarinejo, su hijo, de los beneficios obtenidos de las rentas de alcabalas en Almuñecar y Motril, desde el año de 1.743 a 1.754.[&]

1757.[9]

Manuel Martínez Bárcena es el arrendador de las rentas: Alcabalas, y Cientos de Almuñécar, Motril y Salobreña.

Valor entero en mrs. De vellón:	4.075.373
Juros:	523.881
Caudal del Rey:	3.551.492

1761.[10]

Se realiza un mapa de la "*Costa de Almuñécar y Motril*".

1762-1774.Granada.[11]

El marques de Acapulco, vecino de Jaén, con José Sarreta, vecino de Motril, y Juan Galeote y Luis de Almansa, vecinos de Almuñécar, y otros, sobre la identidad y los réditos de un censo impuesto por Luis de Resa y Esquivel y Ana María de Cervantes en un mayorazgo.

1765.Granada.[12]

Se publica: "*Por Don Julian Negro de Rueda Carmona y Olivares, clerigo tonsurado, y vecino de la ciudad de Motril ... en el pleyto con Don Raphael Carrasco y Celis, clerigo tambien tonsurado ... sobre pretender, se declare tocar y pertenecer al dicho Don Julian la Capellanía de Sangre, que fundò en dicha ciudad de Almuñecar, Doña Margarita de Valderrama y Pedrosa su tia ..*"

1776.Madrid.[13]

Fray Henriquez de Florez en la segunda edición de su obra "*España Sagrada*" argumenta que Sexi fue probablemente Almuñécar y no Motril como se creía.

1780.Granada.[14]

Bartolome García de Atienza con Bernardino Sánchez Trujillo, vecinos de Almuñécar, sobre el trazado del camino a Motril.

---

6 http://gw.geneanet.org/lazarocarrasco?lang=fr;p=jose+antonio;n=garvayo+de+luna [diciembre 2014]

7 http://pares.mcu.es/ParesBusquedas/servlets/Control_servlet?accion=3&txt_id_desc_ud=4000551&fromagenda=N [marzo 2011] - ES.41168.SNAHN/5.4.4.12//LUQUE,C.345,D.31-49

8 http://pares.mcu.es/ParesBusquedas/servlets/Control_servlet?accion=3&txt_id_desc_ud=4000551&fromagenda=N [marzo 2011] - ES.41168.SNAHN/5.4.4.12//LUQUE,C.345,D.31-49

9 http://books.google.es/books?id=erdLAAAAYAAJ&pg=PA312&dq=diezmo+azúcar+motril&hl=es&ei=BsJETO-UKNGk4QbAm9TXDg&sa=X&oi=book_result&ct=result&resnum=9&ved=0CE8Q6AEwCA#v=onepage&q=motril&f=false [julio 2010]

10 Motril en tu Mano, Abril 2009, pp.3

11 Catálogo de Pleitos de la Real Audiencia y Chancilleria de Granada. Caja:3015 Pieza:4 - [febrero 2012]

12 http://www.mcu.es/cgi-bin/ccpb/BRSCGI3701?CMD=VERDOC&CONF=PABPSPA.cnf&BASE=PABP&DOCN=000607226&NDOC=27&TXTBUS=MOTRIL [Mayo 2005]

13 http://books.google.es/books?id=EsIPAAAAIAAJ&pg=PA102&dq=motril&as_brr=0#PPA102,M1 [12 octubre 2007]

14 Catálogo de Pleitos de la Real Audiencia y Chancilleria de Granada. Caja:2671 Pieza:2 - [febrero 2012]

1800.Motril.[15]

Nace Ana Teresa García de Alcántara Garvayo.

Hija de Antonio García de Alcántara Rivera, y María Carmen Garvayo Madrigal, ambos de Motril.

Nieta materna de José Gavayo González Bueno, de Motril, y de María Madrigal Buerte.

Biznieta materna-materna, de José Antonio Garvayo de Luna, de Almuñécar, y de Ana González Bueno de Labe, también de Almuñécar.[&]

1803,Abril,18.Madrid.[16]

Consulta sobre petición de real cédula de aprobación del nombramiento de Jorge Washington Mac-Elroy como cónsul de Estados Unidos de América en Orotava y el de Juan María Dandeya como vicecónsul del mismo país en Motril y Almuñecar.

1806.Granada.[17]

Pleito entre Angela González Melo, viuda de Bartolome García de Morales, regidor perpetuo que fue de Almuñécar con Francisco del Campo y Montero, marqués de Vega Florida, vecino de Motril, sobre restitución de la dote que le entrego para el casamiento con su hija María de los Dolores García de Morales y Melo, ya fallecida.[&]

1810,Septiembre,11.Almuñécar.[18]

El castillo de Almuñécar se ha rendido a los franceses. Han requisado bastante material, entre este dos cañones de a 12 traídos desde Calahonda.

1810,Septiembre,13.Motril.[19]

El general Werlé regresa a Motril tras conquistar Almuñécar.

[François Jean Werlé]

1810.Diciembre,8.Motril.[20]

El alcalde de Otívar, Juan Fernández, tras rendir el castillo de Almuñécar ha conseguido también rendir la fortaleza de Motril.

[Juan Fernández Cañas]

1819,Noviembre,13.Almuñécar.[21]

Nace Soledad Cortés Carmona.

Hija de Dolores Carmona Cortés, de Almuñécar.[&]

1820,Junio,6.Barcelona.[22]

Entra al puerto el laúd S. José, desde Málaga, Almuñécar y Motril en 74 días.

Patrón Carlos Tosca, catalán.

Con alpiste, algodón y vino.

1820,Agosto,20.mañana.Motril.[23]

Se celebra una solemne función de iglesia con Te Deum, dando al acto toda la suntuosidad y pompa posible.

La iglesia estaba iluminada con gusto y magnificencia, siendo más de 300 las luces de solo el altar mayor. Se cantó la misa del Españoleto, tocada por una orquesta de aficionados, los cuales lucieron en esta ocasión su habilidad y destreza.

Predicó el cura párroco de Almuñécar, quien en un elegante discurso procuró infundir a sus oyentes las mismas ideas de respeto y amor al Rey, y de adhesión y obediencia a la Constitución y a las leyes.

1821.Almuñécar.[24]

Nace José Caparrós Algarra.

Hijo de José Caparrós, y Ana Algarra, de Motril.[&]

---

15 http://gw.geneanet.org/lazarocarrasco?lang=fr;p=ana+teresa;n=garcia+de+alcantara+garvayo [diciembre 2014], http://gw.geneanet.org/lazarocarrasco?lang=fr;p=maria+del+carmen;n=garvayo+madrigal [diciembre 2014], http://gw.geneanet.org/lazarocarrasco?lang=fr;p=jose;n=garvayo+gonzalez+bueno [diciembre 2014]

16 http://pares.mcu.es/ParesBusquedas/servlets/Control_servlet?accion=3&txt_id_desc_ud=3072565&fromagenda=N [noviembre 2009] - ES.28079.AHN/1.1.1.24.1//ESTADO,634,Exp.4

17 Catálogo de Pleitos de la Real Audiencia y Chancilleria de Granada. Caja:2457 Pieza:003 - [febrero 2012]

18 'Gazeta del Gobierno de Granada' - Número 77 (14/09/1810),pp.2

19 'Gazeta del Gobierno de Granada' - Número 77 (14/09/1810),pp.2

20 Diario de Mallorca (Palma de Mallorca. 1808). 20/12/1810, página 3.

21 https://familysearch.org/ark:/61903/3:1:33SQ-GRTC-YS8?mode=g&i=950&cc=2015356 [enero 2017], https://familysearch.org/ark:/61903/1:1:XP2Q-QWP [enero 2017]

22 Diario constitucional de Barcelona Número 87 - 1820 junio 7 pp.4

23 Gazeta del Gobierno núm. 83, de 19/09/1820,pp.350

24 https://familysearch.org/ark:/61903/3:1:33S7-9YPN-QZJF?mode=g&i=17&wc=MPTT-VZ9%3A350443401%3Fcc%3D2046761&cc=2046761 [enero 2016], https://familysearch.org/ark:/61903/3:1:33S7-9YPN-QZN4?mode=g&i=168&wc=MPTT-VZ9%3A350443401%3Fcc%3D2046761&cc=2046761 [enero 2016], https://familysearch.org/ark:/61903/1:1:XPK6-QM4 [enero 2016]

1821,Noviembre,20.Madrid.[25]

En la sesión extraordinaria de las Cortes, en la Comisión que entiende en la reforma de aranceles se pasó una exposición de D. Francisco de Borja Ofarril, comisionado por la ciudad de Almuñécar, pidiendo se nombre a aquella puerto de segunda clase, por hallarse en igual caso que Calahonda.

1822.Madrid.[26]

La Comisión de las Cortés indica que Almuñécar tiene mayores posibilidades de hacer un puerto que Calahonda, con menor coste y mayores beneficios.

1822,Enero,21.Madrid.[27]

En la sesión de las Cortes se discute sobre que existan dos puertos de segunda clase, el de Almuñécar y Calahonda, y se decide que por ahora sea el de Calahonda, y el de Almuñécar sea de tercera clase.

1827.Motril.[28]

Partido de España, provincia de Granada, comprende su jurisdicción 3 pueblos y 28 cortijos.

El nombre de este partido es de origen árabe y se halla situado en la costa del mediterráneo con quien confina por S.; por O., con Almuñécar, por N., con el partido de Órgiva, y por el E., con pueblos del de Torvizcón y Adra.

Terreno abundante de minas de plomo, y de aguas minerales sulfurosas, cuyo uso podría ser utilísimo contra las enfermedades cutáneas.

Se dan en él con felicidad muchos frutos de las zonas tórridas y templada.

Le riega el río Guadalfeo, sangrado con varias acequias, según la sabia práctica de los árabes.

1832.Almuñécar.[29]

Nace José Medina Montilla.

Hijo de José Medina, y Concepción Montilla, de Motril.[&]

1835. Almuñécar.[30]

Nace María de los Dolores Medina Baca.

[María de los Dolores Medina Vaca]

1837,Octubre,14.Granada.[31]

Contraen matrimonio Francisco Javier Ruiz, de Motril, con María Dolores Rodríguez Ruiz, de Almuñécar.[&]

1841,Junio,25.Granada.[32]

Nace en la calle Elvira 197, parroquia de San Andrés, Antonia Guillermo Campos Cortés.

Hija de Félix Campos Heredia, tratante, y Vicente Cortés Garce, ambos de Motril.

Abuelos paternos: Ramón Campos, y Tomasa Heredia, ambos de Motril.

Abuelos maternos: Antonio Cortés, de Motril, y Joaquina Garce, de Almuñécar.[&]

1841,Junio,26.Granada.[33]

Bautizan en la parroquia de San Andrés, Antonia Guillerma Campos Cortés.

Hija de Félix Campos Heredia, tratante, y Vicente Cortés Garce, ambos de Motril.

Abuelos paternos: Ramón Campos, y Tomasa Heredia, ambos de Motril.

Abuelos maternos: Antonio Cortés, de Motril, y Joaquina Garce, de Almuñécar.[&]

1842.Madrid.[34]

Se publica en la imprenta de José Félix Palacios:

"Exposicion dirigida á ... el Regente del reino por los ayuntamientos constitucionales de Motril, Almuñecar, Gete, Otivar, Lentejí, Itrabo, Molzivar, Lobres y Salobreña, en la provincia de Granada, pidiendo la revocacion de las órdenes de 12 de marzo de 1.841 y 26 de marzo de 1.842, por las cuales se

---

25 Universal, El (Madrid. 1820). 21/11/1821, n. 325, página 3

26 Eco del comercio, El. 17/07/1847, n. 1470, página 1

27 Universal, El (Madrid. 1820). 22/01/1822, n. 22, página 2.

28 MIÑANO Y BEDOYA, Sebastián. "Diccionario geográfico-estadístico de España y Portugal". 1.827, pp.164-165

29 https://familysearch.org/ark:/61903/3:1:33S7-9YP6-9ZDJ?i=3&wc=MPTX-GPD%3A350295401&cc=2046761 [noviembre 2015]

30 https://familysearch.org/ark:/61903/1:1:XPGK-GY9 [enero 2017], https://familysearch.org/ark:/61903/3:1:33S7-9RT1-SM9C?mode=g&i=65&wc=Q5W4-69W%3A391376202%2C1585428801%2C1585481701&cc=2015356 [enero 2017]

31 https://familysearch.org/pal:/MM9.1.1/XPGZ-G2Y [diciembre 2012]

32 https://www.familysearch.org/ark:/61903/3:1:S3HY-6M8S-VSK?i=275&cc=2015356 [junio 2018]

33 https://www.familysearch.org/ark:/61903/3:1:S3HY-6M8S-VSK?i=275&cc=2015356 [junio 2018]

34 http://www.mcu.es/cgi-bin/ccpb/BRSCGI3701?CMD=VERDOC&CONF=PABPSPA.cnf&BASE=PABP&DOCN=000600568&NDOC=27&TXTBUS=MOTRIL [Mayo 2005]

concedió una rebaja de derechos á los algodones en rama del Brasil, Estados-Unidos de América y demas puntos extranjeros que se importasen en la Península"

1846,Diciembre,29.Motril.[35]

Entran en la aduana de Motril treinta y tantos bultos dobles de ropa y otros tantos de tabaco procedentes de la aprehensión que hizo el guardacostas Isabel I días pasados en las aguas de Almuñécar. Se calcula el valor de todo en unos diez a once mil duros, aunque el capitán indica que no es legal ya que llevaban bandera inglesa.

1847,Enero,28. Motril.[36]

Se envía una carta a la prensa madrileña defendiendo la valía de la vega de Motril frente a la de Almuñécar.

En Motril se utilizan unos 20.000 marjales para cañas de azúcar y se cultivan la america, la algarrobeña y la de la tierra.

Cada marjal puede producir unas 200 arrobas de cañas.

Ya se han ofrecido 350.000 arrobas de cañas dulce a la Sociedad Azucarera. Este año es uno de los mejores en este cultivo.

1847,Julio,13.Almuñécar.[37]

Se informa que Francisco Mendialdúa y Ramón Crooke, tras pasar varios días en Almuñécar inspeccionando la nueva fábrica de azúcar establecida por la sociedad americana peninsular, de la que es presidente Ramón Crooke, y en la que se han instalado máquinas de Derosne, han salido hacia Málaga.

Se indica que en otro periódico [El Heraldo] se ha menospreciado esta fábrica. Asi mismo han indicado que Motril tiene mayores ventajas que Almuñécar por tener al señor Burgos y Almuñécar al señor Seijas.

1847,Julio,27.Motril.[38]

La Sociedad Azucarera ha comprado al señor Burgos en 300.000 rs., la fábrica o ingenio que poseía en Motril, con objeto de poner otro aparato igual al de Almuñécar, cuyo ingenio ha sido reconocido por don Ramón Crok.

[Ramón Crooke]

1849,Abril,11.Motril.[39]

Desde Motril se remite una carta al periódico "*El Clamor público*" explicando los hechos acaecidos en Motril y que han tenido como consecuencia la destitución del jefe civil de Motril, Antonio Mantilla y Burgos.

Por real orden de 4 del actual ha sido declarado cesante don Antonio Mantilla y Burgos, jefe civil de este distrito. En el caso de recibir la comunicación oficial de su separación ha entregado el mando, de orden del señor jefe político de la provincia, al gobernador interino de esta plaza: semejante determinación ha causado estrañeza, por no conocer el motivo que pueda haberla producido.

Tenemos en esta ciudad una Audiencia, compuesta del juez de primera instancia, promotor fiscal, un escribano y alguacil del partido de Albuñol, a quien el juez de este ha entregado la causa que estaba siguiendo sobre los acontecimientos del 22 del pasado, y se asegura que se han dictado ya varios autos de prisión, contra algunos vecinos de este pueblo, que tomaron parte en aquellas ocurrencias, sin haber logrado su captura por estar todos huyendo. Este hecho ha llamado notablemente la atención, pues se ignoran los fundamentos que deban existir para haber quitado el conocimiento de la causa al juez de este partido, que la seguía con bastante actividad.

Por parte del alcade de Molvízar, a las diez de la mañana de hoy, se da noticia a estas autoridades de haberse dirigido unos cuantos hombres armados, a la parte de poniente de dicho pueblo. Este mismo parte lo repite el alcalde de Itrabo a las diez y media, y en los mismos términos, infiriéndose por ello que deben ser los hombres de que habla el primero, que se dirigen a la Sierra de la Almijara. El alcalde de Molvízar pide auxilio de fuerza, por temor de que la gente armada a que se refiere entre en el pueblo; y al efecto a las cinco de la tarde ha salido un oficial de carabineros con unos 25 hombres para Molvízar e Itrabo, con objeto de reconocer sus inmediaciones y adquirir noticias del paradero de aquellos.

Según otro parte del jefe de carabineros del distrito de Almuñécar, recibido ayer, asegura haber sabido confidencialmente que en Gibraltar hay un buque cargado de armamento y fardos que se ignora lo que contienen, llevando un cañón de grueso calibre y que del 10 al 11 del actual debía hacerse a la vela, para desembarcar entre las playas de Nerja, y Albuñol, demarcación de esta provincia. Que a dicho buque debía acompañar una goleta, sin saberse su cargamento ni el punto donde alijaría.

[Antonio Mantilla de los Ríos y Burgos].

---

35 Clamor público, El. 05/01/1847, página 4, Español, El (Madrid. 1835). 06/01/1847, n. 776, página 1, Heraldo, El (Madrid. 1842). 03/01/1847, página 2

36 Eco del comercio, El. 05/02/1847, n. 1332, página 1, Heraldo, El (Madrid. 1842). 06/02/1847, página 4., Popular, El (Madrid. 1846). 06/02/1847, página 4., Español, El (Madrid. 1835). 13/02/1847, n. 809, página 4.

37 Eco del comercio, El. 17/07/1847, n. 1470, página 1

38 Español, El (Madrid. 1835). 27/07/1847, n. 948, página 4.

39 Clamor público, El. 19/04/1849, página 3.

1849,Mayo,13. Motril.[40]

Ha salido para la costa de Motril y Almuñécar la compañía de escopeteros recientemente creada por real orden.

Los servicios que esta fuerza puede prestar en un terreno que estaba casi desguarnecido, son muy importantes, y algo ha de ganar la renta de aduanas con los contrabandos que se evitarán.

1850.Motril.[41]

"Motril, visto á cierta distancia, desde la vertiente meridional del Puerto, presenta aun una hermosa perspectiva : vése en el fondo el mar teñido tal vez de púrpura por las nubes sobre él formadas, al pié del mar una vega en que crece el algodón y la caña americana, en medio de la vega la ciudad, sentada en torno de un cerro en cuya cumbre domina el templo de la Virgen de la Cabeza. Bájase á ella por una cuesta cercada de pilas y nopales; y no bien se penetra en una de sus calles, cuando se respira ya esa alegría que se siente al ver las pintadas casas de todos nuestros puertos. Es Motril una ciudad - pequeña, pero de buenas calles y mejores plazas:

tiene una iglesia de tres naves en que asoma aun el arco ojivo, un convento de bella ensambladura por debajo del cual pasa una acequia que corre á fecundar la vega, una ermita construida, según tradición, por la reina D. Juana, en cuya sacristía se conserva la piel de una serpiente enorme que asoló en otros tiempos la comarca. Descúbrense desde el montecillo en que está situada esta ermita vistas pintorescas, marinas risueñas, cuadros bellísimos en cuyo fondo se descubre no pocas veces el castillo y ciudad de Salobreña donde están vinculados los recuerdos de tantos reyes y héroes; mas nada presentan ni la ermita ni los demás monumentos que pueda figurar en las páginas del álbum de un artista.

Bellezas monumentales no las hay ya ni en Motril, ni en Almuñecar, ni en el mismo Velecillos, sentado en la falda de un cerro cuya cumbre ocupan los restos de un castillo pentagonal mas notable por su severidad, su solidez y las peñas que le sirven de cimiento, que por la buena proporción y gallardía de sus formas;"

1850.Madrid.[42]

Andalucía [Material cartográfico]:
tercera hoja de suplemento
los planos han sido arreglados por Francisco Coello ;
las explicaciones han sido escritas por Pascual Madoz.
En mapa: Diccionario Geográfico-Estadístico-Histórico
Información sobre historia, población, economía, etc

Contiene planos de Huelma, Quesada, Cazorla, Motril, Almuñécar, Salobreña, Calahonda, Castel de Ferro, Cabra, Rute, Priego, Utrera y Morón de la Frontera

1850,Agosto,16.Motril.[43]

Se envía una carta desde Motril en relación a las elecciones que dice:

"Aunque diezmados por las prestidigitaciones gubernamentales, y más que diezmados extractados, esto es, el décimo reducido a la unidad, mientras que la falange electoral se ha reforzado con otra quinta de Mendizábal para apoyar una causa poco simpática, todavía los electores independientes de este distrito pensábamos tomar parte en la próxima lucha electoral pero aquí, como en otros muchos puntos, no hay lucha posible.

Teníamos un corregidor, casi incapaz, pero hombre de bien, tan bien que le habíamos puesto Pio nono, y que ya que no para otra cosa servía al menos para contener algo a los encarnizados bandos que aquí se disputan el poder, para mantener una tregua forzosa entre Güelfos y Gibelinos. Pero convínole al pacificador de este pueblo, para sus miras electorales, el triunfo de uno de estos bandos, y, suprimido el corregimiento que en ninguna parte hacía más falta que aquí, el espulsado pontífice, pasea hoy sus tribulaciones por esa roca de Gaeta de los cesantes. En su lugar háse alzado una parcialidad audaz, que todo lo dispone y tiraniza.

Entonces se ha desarrollado por completo el plan gubernativo y el plan electoral de estas gentes. Por prudencia y decoro no entro en todos los detalles de estos planes; sólo diré que se han aumentado excesivamente las listas electorales; que se han sobrescitado las antiguas rivalidades entre Motril y Almuñécar, haciendo a esta ciudad cabeza de sección a pesar de que los pueblos que la forman solo distan de una a cuatro leguas de la cabeza del distrito; que se ha puesto en mano de estas autoridades el arma de las contribuciones atrasadas que así sirve para deslumbrar con su pronto perdón al contribuyente gordo y reacio, como para amenazar con su inmediato cobro al flaco y desvalido, según se atiendan o no las exigencias electorales; y que se nos han anunciado y preconizado yo no sé qué ensueños de caminos, puertos, faros y valisas en que pocos creen, mientras que sin anunciársenos ni indicársenos

40 Heraldo, El (Madrid. 1842). 13/05/1849, página 2.

41 Recuerdos y bellezas de España : bajo la real proteccion de ... la reina y el rey ; Obra destinada á dar á conocer sus monumentos y antiguedades en láminas dibujadas del natural y litografiadas por F.J. Parcerisa", pp.550-551, https://archive.org/stream/recuerdosybellez00pyma/recuerdosybellez00pyma_djvu.txt [marzo 2016]

42 http://rebiun.crue.org/cgi-bin/abnetop/O7953/ID6b6debb8/NT6 [enero 2015]

43 Clamor público, El. 20/08/1850, página 2

siquiera, todo el mundo temia compresiones y arbitrariedades, aquí más que en ninguna otra parte siempre impunemente usadas.

Con tales elementos no había lucha posible sin atraer graves perjuicios sobre la cabeza de estos dóciles electores. Así lo ha debido conocer el señor Mantilla, candidato natural de este distrito, quién no se presentaba sin embargo, con ningún carácter político, y el cual ha renunciado a la candidatura que le ofrecían sus amigos en vista de esta situación.

Y no se engañaba el señor Mantilla. Apenas había vuelto la espalda, se conducía a la cárcel por orden de este gobernador militar a uno de los electores más decididos de oposición, don Carlos Aizpiolea, quién en tiempos del último corregidor ha sido aquí un semi-corregidor, por cierto incidente, aún no bien conocido, que tuvo lugar en una declaración que se le exigía sobre negocio militar. Y para que el hecho fuese más imponente, para que produjese la deseada impresión, Aizpiolea ha sido llevado a la cárcel desmayado, sobre una silla que escoltaban cuatro soldados y el ayudante del gobernador, sable en mano.

El señor Seijas, hijo,de quién al ser improvisado oficial del ministerio de su papá, con 26.000 del pico, docía muy previsoriamente la Patria que se pondrían a su disposición nueve distritos electorales, serádiputado de este por unanimidad!!!.

¡Qué libertad y qué elecciones!"

1850,Diciembre,9.Motril.[44]

El maíz blanco de mazorca larga, se coge en Motril, Almuñécar y la parte de Valencia confinante con Lira.

1850,Diciembre,23.Granada.[45]

Contraen matrimonio José de Rojas Garvayo, de Motril, con María Soledad Cortés Carmona, de Almuñécar.[&]

1851,Septiembre,8. Madrid.[46]

Se indica que aclimatar las piñas en la zona de Motril y Almuñécar sería sumamente fácil. "*bastaría hacer a los principales labradores indicaciones verbales o escritas del cultivo de las mismas*".

1851,Octubre,28.Málaga.[47]

Nace María Dolores Rojas Cortés.

Hija de José de Rojas Garvayo, de Motril, y Soledad Cortés Carmona, de Almuñécar.[&]

1852.Motril.[48]

El Juzgado de Motril comprende los ayuntamientos de:

Almuñécar
Cázulas
Guajar Alto
Guajar Faragüit
Guajar Fondón
Gualchos
Itrabo
Jete
Jolucar
Lagos
Lenteji
Lobres
Lújar
Molvizar
Motril
Otivar
Salobreña
Vélez de Benaudalla.

1852,Julio,17.Motril.[49]

Por diversas y repetidas experiencias se sabe, que todas, o casi todas las plantas del trópico se dan en Andalucía. Desde luego todos saben que en Motril, Almuñécar y Vélez Málaga se cultiva la caña de azúcar y el algodón con bastante éxito: hay más, de ahí fue trasplantada la primera a las islas de Cuba y Puerto Rico.

44 Boletin Oficial de Zamora Número 147 - 1850 diciembre 9 pp.2
45 https://familysearch.org/ark:/61903/3:1:33SQ-GRTC-YS8?mode=g&i=950&cc=2015356 [enero 2017], https://familysearch.org/ark:/61903/1:1:XP2Q-QWP [enero 2017]
46 Revista mensual de agricultura (1850). 08/09/1851, página 7
47 https://familysearch.org/ark:/61903/3:1:33SQ-GRTC-YS8?mode=g&i=950&cc=2015356 [enero 2017], https://familysearch.org/ark:/61903/1:1:XP2Q-QWP [enero 2017]
48 http://books.google.es/books?id=Xp9jw9AnoIYC&pg=PA29&dq=Lucas+Motril&lr=#PPA502,M1 [enero 2009]
49 El diario español : político y literario El diario español : político y literario - Número 40 - 1852 julio 17 (17/07/1852) pp.2

1853.Almuñécar.[50]

Nace José Martín Pérez.

1853,Febrero,2.Granada.[51]

Nace Francisco de Paula Rojas Cortés.

Hijo de José de Rojas Garvayo, de Motril, y Soledad Cortés Carmona, de Almuñécar.[&]

→ [1.858,Octubre,7]

1854,Septiembre,9.Granada.[52]

Nace en la calle del Buensuceso, parroquia de la Magdalena, José Rojas Cortés.

Hijo de José Rojas Garvayo, abogado, de Motril, y María Soledad Cortés Carmona, de Almuñécar.

Abuelos paternos: Francisco Cortés, Dolores Garvayo, de Motril.

Abuelos maternos: José Cortés, de Granada, y Dolores Carmona, de Almuñécar.[&]

1854,Septiembre,21.Granada.[53]

Bautizan en la parroquia de la Magdalena, José Rojas Cortés.

Hijo de José Rojas Garvayo, abogado, de Motril, y María Soledad Cortés Carmona, de Almuñécar.

Abuelos paternos: Francisco Cortés, Dolores Garvayo, de Motril.

Abuelos maternos: José Cortés, de Granada, y Dolores Carmona, de Almuñécar.[&]

1855.Almuñécar.[54]

Nace Josefa Pérez Castillo.

1855,Junio,9.Granada.[55]

Nace en la calle Real de San Lázaro, parroquia de San Justo, José María Rafael López García.

Hijo de José López Manedo, ebanista, de Motril, y de María García Rojas, de Granada.

Abuelos paternos: Juan López, de Motril, y María Manedo, de Almuñécar.

Abuelos maternos: Pedro García, y María Rojas, de Granada.[&]

1855,Junio,11.Granada.[56]

Se bautiza en la parroquia de San J usto, a José María Rafael López García.

Hijo de José López Manedo, ebanista, de Motril, y de María García Rojas, de Granada.

Abuelos paternos: Juan López, de Motril, y María Manedo, de Almuñécar.

Abuelos maternos: Pedro García, y María Rojas, de Granada.[&]

1855,Octubre,1.Motril.[57]

El estado sanitario de los pueblos de la costa, desde Motril a Almuñécar, no es el más satisfactorio. Las calenturas intermitentes se han presentado en ellos desde algún tiempo con carácter grave, hasta el punto de hacerse más terribles que los casos de cólera que han ocurrido ultimamente. El cambio atmosférico se está efectuando, influirá quizá favorablemente.

1855,Noviembre,5.Granada.[58]

Nace Ricardo Rojas Cortés.

Hijo de José de Rojas Garvayo, de Motril, y Soledad Cortés Carmona, de Almuñécar.[&]

1855,Noviembre.9.Granada.[59]

Nace en la calle del Buensuceso, parroquia de la Magdalena, Ricardo Rojas Cortés.

Hijo de José Rojas Garvayo, abogado, de Motril, y María Cortés Carmona, de Almuñécar.

Abuelos paternos: Francisco Rojas, y Dolores Garvayo, de Motril.

Abuelos maternos: José Cortés, de Granada, y Dolores Carmona, de Motril.[&]

1855,Noviembre.16.Granada.[60]

---

50 https://www.familysearch.org/ark:/61903/3:1:33S7-9RRQ-6N?i=144&wc=7BRG-VFQ%3A391376202%2C1585430301%2C1585446501&cc=2015356 [diciembre 2018]

51 https://familysearch.org/ark:/61903/3:1:33SQ-GRTC-YS8?mode=g&i=950&cc=2015356 [enero 2017], https://familysearch.org/ark:/61903/1:1:XP2Q-QWP [enero 2017]

52 https://www.familysearch.org/ark:/61903/3:1:S3HY-6PWQ-VL6?i=406&cc=2015356 [mayo 2018]

53 https://www.familysearch.org/ark:/61903/3:1:S3HY-6PWQ-VL6?i=406&cc=2015356 [mayo 2018]

54 https://www.familysearch.org/ark:/61903/3:1:33S7-9RRQ-962?i=168&wc=7BBW-2TP%3A391376202%2C391376203%2C1585447202&cc=2015356 [enero 2019]

55 https://www.familysearch.org/ark:/61903/3:1:S3HT-6X57-YCF?i=307&cc=2015356 [abril 2018]

56 https://www.familysearch.org/ark:/61903/3:1:S3HT-6X57-YCF?i=307&cc=2015356 [abril 2018]

57

La Esperanza (Madrid. 1844). 1/10/1855, página 2.

58 https://familysearch.org/ark:/61903/3:1:33SQ-GRTC-YS8?mode=g&i=950&cc=2015356 [enero 2017], https://familysearch.org/ark:/61903/1:1:XP2Q-QWP [enero 2017]

59 https://www.familysearch.org/ark:/61903/3:1:S3HY-6GVQ-LCN?i=396&cc=2015356 [abril 2018]

Bautizan en la parroquia de la Magdalena, a Ricardo Rojas Cortés.
Hijo de José Rojas Garvayo, abogado, de Motril, y María Cortés Carmona, de Almuñécar.
Abuelos paternos: Francisco Rojas, y Dolores Garvayo, de Motril.
Abuelos maternos: José Cortés, de Granada, y Dolores Carmona, de Motril.[&]

1856,Septiembre,15.Granada.[61]
Contraen matrimonio en la parroquia de de San Andrés, Obdulio García Trujillo, de 23 años, de Alcalá la Real, Jaén, soltero.
Hijo de Vicente García, e Isabel Trujillo, ambos de Alcalá la Real., Jaén.
Con María Visitación López de Alcalá Alameda, de Motril, de 26 años, soltera.
Hija de Juan López de Alcalá, y María Antonia Alameda, de Almuñécar.
Residen en la calle Elvira.[&]

1857,Enero,6.Motril.[62]
Sétimo tercio. Provincia de Granada.— Puesto de Motril.—
Habiéndose ordenado por el Teniente, Comandante de la línea, saliese una pareja á recorrer los pueblos y términos de la villa de Lobres y la ciudad de Almuñécar, en averiguación de los autores del robo perpetrado en la iglesia de la Primera, la noche del 30 del mes anterior, salió el cabo primero Antonio Torres Fuentes, acompañado de los guardias Manuel Porc-el López, José Povedano Rejas y José Valles Martínez, logrando aprehender á á uno de los criminales, que resultó ser desertor de presidio y hombre de muy malos antecedentes en todos conceptos, siendo el que dirigía la mayor parte de los robos que se cometían en aquella demarcación.

1857,Febrero,3.Granada.[63]
Nace en la calle Real de San Lázaro, parroquia de San Justo, Visitación Obdulia López de Alcalá García.
Hija de José López de Alcalá Alameda, ebanista, de Motril, y María Josefa Extremeda, de Granada.
Abuelos paternos: Juan López de Alcalá, de Motril, y María Antonia Alameda, de Almuñécar.
Abuelos maternos: Pedro García, y María Extremeda Rojas, ambos de Granada.[&]

1857,Mayo,12. Granada.[64]
Contraen matrimonio Anastasio Puente Giménez, de Vélez Rubio (Almería), con María Gertrudis Mendigorri Cordero, de Almuñécar.[&]

1857,Mayo,27.Granada.[65]
En la calle Buensuceso, parroquia de la Magdalena, nace Augusto Rojas Cortés.
Hijo de José Rojas Garvayo, abogado, de Motril, y Soledad Cortés Carmona, de Almuñécar.
Abuelos paternos: Francisco Rojas, y Dolores Garvayo, de Motril.
Abuelos maternos: José Cortés, de Granada, y Dolores Carmona, de Almuñécar.[&]

1857,Junio,8.Granada.[66]
Bautizan en la parroquia de la Magdalena, Augusto Rojas Cortés.
Hijo de José Rojas Garvayo, abogado, de Motril, y Soledad Cortés Carmona, de Almuñécar.
Abuelos paternos: Francisco Rojas, y Dolores Garvayo, de Motril.
Abuelos maternos: José Cortés, de Granada, y Dolores Carmona, de Almuñécar.[&]

1857,Septiembre,11.Granada.[67]
Para la exposición del 21 de Madrid se remiten diversos cultivos de la zona, entre ellos:
Sección primera - Cultivo
42.- Batatas de Málaga. Se crian en abundancia en toda la costa de esta provincia, principalmente en Motril y Almuñécar.
43.- Cañas de Azúcar
44.- Chirimollas. El árbol que las produce es corpulento, y se halla aclimatado en Motril y Almuñécar. Necesita riego, tierras de buena calidad y muy abonadas.
Sección tercera – industria agrícola
9.- Rom de Motril, de don José Rojas Carballo. [José de Rojas Garvayo]
10.- Vino de Motril, del mismo

60 https://www.familysearch.org/ark:/61903/3:1:S3HY-6GVQ-LCN?i=396&cc=2015356 [abril 2018]
61 https://www.familysearch.org/ark:/61903/3:1:S3HY-6PH3-1T8?i=20&cc=2015356 [junio 2018]
62 Gaceta de Madrid núm. 1464, de 06/01/1857, página 4. http://www.boe.es/datos/pdfs/BOE//1857/1464/A00004-00004.pdf [julio 2018]
63 https://www.familysearch.org/ark:/61903/3:1:S3HY-XWB3-QTD?i=272&cc=2015356 [junio 2018]
64 https://familysearch.org/pal:/MM9.1.1/XP24-N4Q [septiembre 2013]
65 https://www.familysearch.org/ark:/61903/3:1:S3HT-6L27-VZJ?i=367&cc=2015356 [mayo 2018]
66 https://www.familysearch.org/ark:/61903/3:1:S3HT-6L27-VZJ?i=367&cc=2015356 [mayo 2018]
67 'La Alhambra : diario granadino' - Año I Número 114 (11/09/1857),pp.1

11.- Aguardiente de higos, del mismo
12.- Aceite de olivo, del mismo
23.- Azúcar blanca de Motril, del mismo.
30.- Algodón en rama con pepita, del mismo.
31.- Algodón en rama, sin pepita, del mismo.
[Chirimoyas]

1858,Mayo,11. Sevilla.[68]

Nace en la calle Cantarranas, 69, de Sevilla, Jorgina Velasco Romera.

Hija de José Velasco Guiral, de Vélez de Benaudalla, y Clara Romera Sánchez, de Almuñécar.

Abuelos paternos: Francisco Velasco, de Ubrique, Málaga, y María Angustias Guiral, de Granada.

Abuelos maternos: [Pedro] Romera, y María Gertrudis Sánchez, ambos de Almuñécar.[&]

1859,Febrero,23. Madrid.[69]

Real orden por la que se autoriza el estudio de una carretera desde Gualchos, pasando por Motril y Almuñécar, hasta Torrox, en Málaga.

1859,Marzo,2. Motril.[70]

El celoso diputado a Cortes por Motril, marqués de Corbera, ha conseguido que se mande estudiar una carretera que, partiendo de Gualchos y pasando por Motril y Almuñécar, termina en Torrox, donde empalmará con la existente de Málaga a dicho pueblo.

1860,Agosto,10. Almuñécar.[71]

Nace Antonio López de Alcalá y Soler.

1860,Septiembre,29. Granada.[72]

Contraen matrimonio en la parroquia de San Gil, Agustín Peralta Gil, de 26 años, soltero, sirviente, de Granada.

Hijo de Juan Peralta, albañil, y María de la Paz Gil, de Granada.

Con María del Carmen López Alameda, de 26 años, soltera, de Motril.

Hija de Juan López, de Motril, y María Alameda, de Almuñécar.

Residen en la calle San Diego.[&]

1860,Diciembre,31. Granada.[73]

Nace Manuel Rojas Cortés.

Hijo de José de Rojas Garvayo, de Motril, y Soledad Cortés Carmona, de Almuñécar.[&]

1861,Abril,3.12:00. Motril.[74]

En el Juzgado de Motril se subastan distintas propiedades de la testamentaria de Teresa Ganga, en Almuñécar, entre ellos un ingenio para la fabricación de azúcar, titulado Real del Agua, extramuros de Almuñécar, con toda la maquinaria y útiles.

1861,Septiembre,25. Almuñécar.[75]

Sale del puerto de Almuñécar hacia Motril el laúd Joven Brígida, patrón Francisco Juan, con arroz, ha dejado parte de su carga.

1861,Octubre,4. Almuñécar.[76]

Entra en el puerto, procedente de Motril, el laúd Desamparados, con arroz.

1862,Julio,12. Granada.[77]

Contraen matrimonio Manuel Mendigorri Cordero, con María Antonia Fernández Mora.

Manuel es hijo de Hipólito Mendigorri, de Motril, y Carmen Cordero, de Almuñécar.[&]

---

68 https://www.familysearch.org/ark:/61903/3:1:S3HY-65R9-GC2?i=426&cc=2015365 [octubre 2017], https://www.familysearch.org/ark:/61903/3:1:939D-34S3-55?i=629&cc=2015365 [octubre 2017]

69 Época, La (Madrid. 1849). 02/03/1859, n. 3037, página 3., Clamor público, El. 02/03/1859, página 1

70 Época, La (Madrid. 1849). 02/03/1859, n. 3037, página 3., Clamor público, El. 02/03/1859, página 1

71 https://www.familysearch.org/ark:/61903/3:1:33SQ-GRRN-B1?i=100&wc=7BT1-KP9%3A391376202%2C1585429701%2C1585471803&cc=2015356 [diciembre 2017]

72 https://www.familysearch.org/ark:/61903/3:1:S3HT-DR19-Q83?i=33&wc=7BJ3-8X4%3A391376202%2C391376203%2C391397101%3Fcc%3D2015356&cc=2015356 [mayo 2018]

73 https://familysearch.org/ark:/61903/3:1:33SQ-GRTC-YS8?mode=g&i=950&cc=2015356 [enero 2017], https://familysearch.org/ark:/61903/1:1:XP2Q-QWP [enero 2017]

74 Diario oficial de avisos de Madrid. 27/02/1861, página 1.

75 Lloyd español, El. 02/10/1861, página 4

76 Lloyd español, El. 10/10/1861, página 4

77 https://familysearch.org/pal:/MM9.1.1/XP2J-7ZL [septiembre 2013]

1864.Almuñécar.[78]

Nace Francisca Castillo Rodrigo.

1864,Septiembre,23.Madrid.[79]

La prensa madrileña indica, haciéndose eco de una carta remitida desde Salobreña:

"El trozo de carretera de Motril a Almuñécar, perteneciente a la carretera de Málaga a Almería, lleva visos de nunca acabar, pues sólo se ocupan de él el señor diputado a Cortes del distrito, los dos diputados provinciales y algunos caciques de estos pueblos, cuando quieren catequizar a los electores, al ventilarse las cuestiones electorales."

1864,Diciembre,18.Granada.[80]

Contraen matrimonio en la parroquia de las Angustias, Federico López de Alcalá Alameda, de 34 años, soltero, de Motril.

Hijo de Juan López de Alcala, difunto, de Motril, y María Manuela Alameda, de Almuñécar.
Con Josefa Garrido Osorio, de Granada, 20 años, soltera.

Hija de José Garrido, y Carmen Osorio, de Granada.[&]

1865,Octubre,19.[81]

Procedentes de Fernambuco y de Egipto, están para llegar á Granada, con destino á la Junta de Agricultura, dos sacos de semilla de algodón, escogida con esmero en aquellos mercados por nuestros agentes consulares. El objeto es repartirlo entre los cultivadores de Motril, Salobreña y Almuñecar, á fin de que puedan hacerse ensayos en mayor escala que los hechos hasta el dia, introduciendo así una nueva riqueza en nuestro país, que de ese modo no sería tributario de mercados extranjeros.

1866,Mayo,10.Granada.[82]

Nace en la calle Aljibe del Gato, parroquia de San José, Enriqueta Espina Moré.
Hija de Macario Espina Contreras, de Valladolid, y Encarnación Moré Cantarell, de Motril.
Abuelos paternos: Sabas Espina, de Baltanas, y Salvadora Contreras, de Granada.
Abuelos maternos: Bartolomé Moré, de Manresa, y Teresa Cantarell, de Almuñécar.[&]

1866,Mayo,18.Granada.[83]

Se bautiza en la parroquia de San José, a Enriqueta Espina Moré.
Hija de Macario Espina Contreras, de Valladolid, y Encarnación Moré Cantarell, de Motril.
Abuelos paternos: Sabas Espina, de Baltanas, y Salvadora Contreras, de Granada.
Abuelos maternos: Bartolomé Moré, de Manresa, y Teresa Cantarell, de Almuñécar.[&]

1866,Julio,20.Madrid.[84]

ANUNCIOS

La Comisión Liquidadora de la Sociedad Azucarera Peninsular ha acordado enajenar en pública licitación el edificio fábrica de azúcar en Almuñécar, con su horno de calcinación y fábrica, destilería, maquinaria, útiles y efectos de almacén y exconvento de Capuchinos en Motril, propio de la referida Sociedad, y valorado todo en la cantidad de 3.830.148 rs. 8mrs. Vn., según balance final de liquidación, formado en 23 de Febrero de este año, y aprobado en junta general de accionistas.

La mencionada subasta tendrá lugar en esta corte el día 31 de Agosto próximo, a las dos de su tarde, en las oficinas de la referida Sociedad, sitas en la plazuela de San Ginés, números 1 y 2, cuarto segundo, ante los individuos que componen la comisión liquidadora, advirtiéndose que tanto en la administración de la fábrica de Almuñécar, como en la oficina central en Madrid, estará de manifiesto el pliego de condiciones bajo las cuales tendrá efecto la indicada subasta, pudiéndose enterar de ellas los que deseen hacer proposición desde esta fecha a dicho 31 de Agosto.

Madrid 20 de Julio de 1.866
Gregorio Villacorta
Antonio de Murga
Vicente Espinosa
Juan G. Rivero
José Seco

403.

---

78 https://familysearch.org/ark:/61903/3:1:33S7-9R5H-3J3?mode=g&i=857&wc=QPYV-7FR%3A391376202%2C1585429901%2C1585431001&cc=2015356 [marzo 2017], https://familysearch.org/ark:/61903/1:1:XP2Z-VTY [marzo 2017]

79 Clamor público, El. 23/09/1864, página 2

80 https://www.familysearch.org/ark:/61903/3:1:S3HY-DRYS-XN8?i=11&cc=2015356 [junio 2018]

81 La Joven Asturias, Oviedo, 19 octubre 1865, pp.2

82 https://familysearch.org/ark:/61903/3:1:S3HT-DT93-CJN?mode=g&i=223&cc=2015356 [abril 2017], https://familysearch.org/ark:/61903/1:1:Q2HL-M3D4 [abril 2017], https://familysearch.org/ark:/61903/3:1:S3HT-DRXS-V21?mode=g&i=477&cc=2015356 [abril 2017]

83 https://familysearch.org/ark:/61903/3:1:S3HT-DT93-CJN?mode=g&i=223&cc=2015356 [abril 2017], https://familysearch.org/ark:/61903/1:1:Q2HL-M3D4 [abril 2017], https://familysearch.org/ark:/61903/3:1:S3HT-DRXS-V21?mode=g&i=477&cc=2015356 [abril 2017]

84 Gaceta de Madrid núm. 207, de 26/07/1866, página 4. http://www.boe.es/datos/pdfs/BOE//1866/207/A00004-00004.pdf [junio 2018]

1867.Motril.[85]

Nace Emilia Campoy Medina.

Hija de Cristóbal Antonio Esteban Campoy Jiménez, de Motril, y María de los Dolores Medina Baca, de Almuñécar.

[María de los Dolores Medina Vaca]

1867,Mayo,17.Granada.[86]

Contraen matrimonio José Caparrós Algarra, natural de Almuñécar, con Josefa Corzo Rodríguez.

Hijo de José Caparrós, y Ana Algarra, de Motril.[&]

1867,Julio,9.Granada.[87]

Ingresa en el Hospital de San Juan de Dios, José García Guerrero, de 25 años, natural de Almuñécar, vecino de Motril.

Hijo de José García, y Carmen Guerrero.[&]

1867,Julio,15.Granada.[88]

Contraen matrimonio en la parroquia de San José José María Camino Vaca, de 24 años, natural de Almuñécar, soltero.

Hijo de José Camino, y Francisca Vaca, ambos de Almuñécar.

Con María del Carmen Rodríguez Gaona, de 23 años, de Granada.

Hija de Antonio Rodríguez, y Teresa Gaona, ambos de Granada.

Residen en la calle La Tiña, de la Parroquia de San José.[&]

[José Camino Segunda]

[Francisca de Paula Bacas y Toya]

[Francisca de Paula Vaca y Toya]

1867,Agosto,25.Granada.[89]

Ingresa en el Hospital de San Juan de Dios, Carmen Guerrero Menier, de 56 años, natural de Almuñécar, vecina de Motril.

Hija de José Guerrero, y Encarnación Menier. Casada con José García.[&]

1868,Febrero,28.21:30.Granada.[90]

Nace en la Plaza de Bibrambla, Andrés de la Santísima Trinidad Puente Mendigorri.

Hijo de Anastasio Puente Giménez, comercial, natural de Vélez Rubio, Almería, y de Gertrudis Mendigorri Cordero, de Almuñécar.

Nieto paterno de Fernando Puentes, y María Josefa Jiménez, de Vélez Rubio.

Nieto materno de Hipólito Mendigorri, de Motril, y de Carmen Cordero, de Almuñécar.[&]

1869,Agosto,13.Motril.[91]

El alcalde de Motril y el jefe de carabineros avisan que en el sitio de los Castillejos, jurisdicción de Almuñécar, se habían presentado una partida de hombres, al parecer armados.

1870,Octubre,5.Granada.[92]

Para las próximas elecciones el distrito de Motril cuenta con 4 diputados.

Primer distrito: Almuñécar, Itrabo y Otívar

Segundo distrito: Vélez de Benaudalla, Gualchos, Jete y Lentejí

Tercer distrito: 1º de Motril, con los barrios 1º, 2º y 3º de Motril y los pueblos de Molvízar y Guájar Fargüit.

Cuarto distrito: 2º de Motril, comprende los barrios 4º,5º,6º y 7º de Motril y los pueblos de Castell de Ferro, Lújar, Guájar Fondón y Guajar Alto.

1871,Junio,8.Granada.[93]

En la calle Tablas, 23, parroquia de la Magdalena, residen:

José de Rojas Garvayo, nacido en 1.822 en Motril, abogado, casado con

---

85 https://familysearch.org/ark:/61903/1:1:XPGK-GY9 [enero 2017], https://familysearch.org/ark:/61903/3:1:33S7-9RT1-SM9C?mode=g&i=65&wc=Q5W4-69W%3A391376202%2C1585428801%2C1585481701&cc=2015356 [enero 2017]

86 https://familysearch.org/ark:/61903/3:1:33S7-9YPN-QZJF?mode=g&i=17&wc=MPTT-VZ9%3A350443401%3Fcc%3D2046761&cc=2046761 [enero 2016], https://familysearch.org/ark:/61903/3:1:33S7-9YPN-QZN4?mode=g&i=168&wc=MPTT-VZ9%3A350443401%3Fcc%3D2046761&cc=2046761 [enero 2016], https://familysearch.org/ark:/61903/1:1:XPK6-QM4 [enero 2016]

87 https://familysearch.org/ark:/61903/3:1:33S7-9YPN-Q72L?i=3&wc=MPTT-W3X%3A350442901%3Fcc%3D2046761&cc=2046761 [octubre 2016]

88 https://www.familysearch.org/ark:/61903/3:1:S3HY-DRGQ-Z89?cc=2015356 [noviembre 2017], https://www.familysearch.org/ark:/61903/1:1:XPGZ-2MC [noviembre 2017], https://www.familysearch.org/ark:/61903/1:1:Q2HL-ZDLK [noviembre 2017], https://www.familysearch.org/ark:/61903/3:1:S3HY-DRBS-4TC?i=67&cc=2015356 [noviembre 2017]

89 https://familysearch.org/ark:/61903/3:1:33SQ-GYPN-QMWK?i=21&wc=MPTT-W3X%3A350442901%3Fcc%3D2046761&cc=2046761 [octubre 2016], https://familysearch.org/ark:/61903/3:1:33SQ-GYPN-QMWV?i=197&wc=MPTT-W3X%3A350442901%3Fcc%3D2046761&cc=2046761 [octubre 2016]

90 https://familysearch.org/pal:/MM9.3.1/TH-266-11581-88096-77?cc=2015356&wc=MM1Z-8FV:n1181263483 [septiembre 2013]

91 Discusión, La (Madrid. 1856). 14/08/1869, n. 265, página 4., Imparcial, El (Madrid. 1867). 13/08/1869, página 4., Esperanza, La (Madrid. 1844). 14/08/1869, página 3.

92 'La Idea : diario defensor de los derechos del pueblo' - Epoca Segunda Año III Número 122 (05/10/1870),pp.2

93 https://familysearch.org/ark:/61903/3:1:33S7-9RRH-SY7?mode=g&i=18&wc=Q57M-8G2%3A391376202%2C1585430301%2C1585460001&cc=2015356 [febrero 2017]

Soledad Cortés y Carmona, nacida en 1.832 en Almuñécar
Dolores Rojas y Cortés, natural de Málaga.
Francisco de Paula Rojas Cortés, nacido en 1.853, en Granada.
José María Rojas Cortés, nacido en 1.854, en Granada
Ricardo Rojas Cortés, nacido en 1.857, en Granada
Manuel Rojas Cortés, nacido en 1.861, en Granada
Dolores Carmona y Gómez de Cortés. Natural de Almuñécar, viuda.[&]

1872,Agosto,30.Granada.[94]

Ingresa en el Hospital de San Juan de Dios, José Caparrós Algarra, natural de Almuñécar, de 51 años, casado con Josefa Corzo Rodríguez.

Hijo de José Caparrós, y Ana Algarra, de Motril.[&]

1873.Motril.[95]

Nace Rafaela Campoy Medina.

Hija de Cristóbal Antonio Esteban Campoy Jiménez, de Motril, y María de los Dolores Medina Baca, de Almuñécar.

[María de los Dolores Medina Vaca]

1873,Mayo,24.Granada.[96]

Ingresa en el Hospital de San Juan de Dios, Francisco Antoñón Casal, de 69 años, natural de Almuñécar, vecino de Motril.

Hijo de José Antoñón, y Concepción Casal.[&]

[Casado con Francisca Alonso]

1873,Junio,19.Motril.[97]

En Motril, Ítrabo y Almuñécar han celebrado la proclamación de la República Federal con grandes fiestas, en las que ha tomado parte la inmensa mayoría de la población.

1873,Agosto,14.Motril.[98]

Han sido aprobados los estudios y se ha terminado el expediente de la carretera de Almuñécar a Motril.

1873,Septiembre.Almuñécar.[99]

El comercio motrileño de la empresa Rafael Herrera y compañía contrata para su sucursal de Almuñécar a Alejandro Tovillas.

1873,Septiembre,18.Motril.[100]

D. José García de Castro, Juez de primera instancia de esta ciudad y su partido.

Por el presente se cita, llama y emplaza por término de 20 días, para que se presenten en esta cárcel cabeza de partido, bajo apercibimiento de que en otro caso serán declarados rebeldes y les parará el perjuicio a que hubiere lugar con arreglo a la ley de Enjuiciamiento criminal, a los vecinos de Almuñécar, de este partido judiical

Francisco Sánchez Medina, soltero, de 23 años, de oficio carpintero
Enrique Altonoguera Mateos, de 23 años, soltero y perito agrónomo
Rafael Romero Romero, de 36 años, viudo y propietario
Miguel Reinoso Limoncé, de 41 años, casado y labrador
José Jiménez Linares, de 46 años, casado y molinero
Antonio Jiménez Linares, de 40 años, casado, panadero
Francisco Campos Cervilla, de 35 años, casado y zapatero
Joaquín Covos Collejose, de 36 años, casado y barbero [Joaquín Cobos Callejón]
Francisco Moreno Muñoz, de 28 años, soltero y de oficio sillero

Contra todos los que se sigue causa de oficio sobre delito de rebelión con motivo de haberse constituido en Comité de salud pública en el día 23 de julio del corriente año. Ignorándose el paradero de ellos, si bien es de presumir que se encuentren en los pueblos de este partido.

Dado en Motril a 18 de septiembre de 1.873

94 https://familysearch.org/ark:/61903/3:1:33S7-9YPN-QZJF?mode=g&i=17&wc=MPTT-VZ9%3A350443401%3Fcc%3D2046761&cc=2046761 [enero 2016], https://familysearch.org/ark:/61903/3:1:33S7-9YPN-QZN4?mode=g&i=168&wc=MPTT-VZ9%3A350443401%3Fcc%3D2046761&cc=2046761 [enero 2016], https://familysearch.org/ark:/61903/1:1:XPK6-QM4 [enero 2016]

95 https://familysearch.org/ark:/61903/1:1:XPGK-GY9 [enero 2017], https://familysearch.org/ark:/61903/3:1:33S7-9RT1-SM9C?mode=g&i=65&wc=Q5W4-69W%3A391376202%2C1585428801%2C1585481701&cc=2015356 [enero 2017]

96 https://familysearch.org/ark:/61903/3:1:33SQ-GYPN-QQP9?i=101&wc=MPTT-VZ9%3A350443401%3Fcc%3D2046761&cc=2046761 [octubre 2016], https://familysearch.org/ark:/61903/3:1:33SQ-GYPN-QQ2R?i=252&wc=MPTT-VZ9%3A350443401%3Fcc%3D2046761&cc=2046761 [octubre 2016]

97 Discusión, La (Madrid. 1856). 19/06/1873, n. 1468, página 2

98 Imparcial, El (Madrid. 1867). 14/08/1873, página 3

99 Esperanza, La (Madrid. 1844). 05/02/1873, página 1

100 Gaceta de Madrid núm. 276, de 03/10/1873, páginas 21. http://www.boe.es/datos/pdfs/BOE//1873/276/A00021-00023.pdf [junio 2018]

José García de Castro
Por mandato de S.S., Juan Belliche y Heral.

1874,Febrero,5.Almuñécar.[101]

Asesinan al dependiente Alejandro Tovillas, de 22 años, y que desde hacía cinco meses se encargaba de la sucursal en ese lugar de la empresa motrileña de los señores Rafael Herrera y compañía.

1874,Marzo,24.Granada.[102]

Contraen matrimonio Vicente Díaz Videras, de Almuñécar, con Carolina Ariza Fernández, de Motril.[&]

1874,Noviembre,28.Madrid.[103]

La prensa madrileña dedica un artículo al cultivo de la caña de azúcar en Andalucía.

La producción del azúcar en la región andaluza adquiere cada día más importancia, y únicamente en la parte de costa del partido judicial de Motril hay siete fábricas, de las que se ocupa la Gaceta Industrial, montadas todas a la moderna, a la vez que dicho colega considera sobre estos adelantos.

En la vega de Motril, la de Salobreña a Lobres, cuyos términos están colindantes, hay sobre 30.000 marjales plantados de cañas; pero hay que que tener presente que toda esta caña no se corta y muele en cada campaña; pues todos los años queda una buena parte para alifa, esto es, caña que necesita dos años para hacerse lo bastante. La cantidad de la alifa no puede determinarse, en cada año varía notablemente, según el tiempo venga más o menos favorable para la cosecha, osea para el desarrollo y sazonamiento de la caña; de iguales causes procede también el mayor o menor grado de la caña y tanto por ciento que pueda dar de azúcar bruto, pudiendo tomarse por término medio el 8 por 100, aproximadamente algunos años al 9, y el pasado ha sido uno de ellos.

En Almuñécar la plantación ocupa cerca de 6.000 marjales, con circunstancias muy poco diferentes de la de Motril. La calidad de la caña es buena, y sus grados los deja ya notados.

En Motril hay situadas dos fábricas. Una de ellas es propiedad de los Sres. D. Martín Larios e hijos, llamada Nuestra Señora del ~~Carmen~~ [Virgen de la Cabeza]. Tiene tres molinos, dos de agua y uno de vapor, y muelen en cada campaña por término medio sobre 18 millones de kilogramos de caña, que dan un resultado en azúcar bruto de millón y medio de kilogramos aproximadamente, de primera, segunda, tercera y cuarta clase.

La otra, llamada Nuestra Señora de las Angustias, era propiedad de los Sres. La Chica, Rodríguez y Aurioles, habiendo pasado desde 1º del corriente a serlo exclusivamente de D. Ramón La Chica.

Tiene dos molinos movidos por fuerza de vapor, y su molienda alcanza a 13.200.000 kilogramos de azúcar de las cuatro clases arriba andicadas.

En Salobreña, que dista una legua de Motril, hay una fábrica, propiedad de los Sres. Agrela hermanos, titulada Nuestra Señora del Rosario, y otra que lo es de la Sociedad "La Azucarera peninsular".

La Nuestra Señora del Rosario tiene dos molinos con motor de agua y de vapor, y consume sobre 13 millones de kilogramos de caña, que dan un resultado de un millón poco más o menos de kilogramos de azúcar, por término medio, de las cuatro clases. La Azucarera Peninsular tiene un molino solamente, movido por fuerza de vapor. La cantidad de caña que muele se aproxima a ocho millones de kilogramos, y de cerca de medio millón de kilogramos de azúcar.

En Almuñécar hay trs fábricas. La una pertenece a la misma sociedad Azucarera Peninsular, y un solo molino consume 2.300.000 kilogramos de caña, y su producto en azúcar de las cuatro clases se aproxima a 184.000 kilogramos.

Llámase otro Ingenio Real, propiedad de los Sres. Moreno, Torrent y compañía, y su molienda consiste en 4.200.000 kilogramos de caña para producir 335.000 kilogramos de azúcar.

Finalmente, la tercera, que es de doña Encarnación Márquez, emplea 2.700.000 kilogramos de caña para producir 225.000 de azúcar.

El término medio de la producción del azúcar en la comarca motrileña puede calcularse en cuatro millones de kilogramos de la recolección de 61 millones de kilogramos de caña, que producen 26.000 marjales de terreno que se cortan cada año, tomando un pormedio.

[Azucarera Nuestra Señora de las Angustias]

[Azucarera Nuestra Señora de la Cabeza]

1875.Sevilla.[104]

En el barrio y parroquia del Sagrario, calle [XX] Rodrigo, 30, residen:

---

101 Esperanza, La (Madrid. 1844). 05/02/1873, página 1

102 https://familysearch.org/ark:/61903/3:1:33S7-9RYM-WVP?mode=g&i=609&wc=Q5W4-69Y%3A391376202%2C1585429701%2C1585431702&cc=2015356 [febrero 2017], https://familysearch.org/ark:/61903/1:1:XP2X-RX9 [febrero 2017]

103 El Gobierno El Gobierno - Año III Número 880 - 1874 noviembre 28 (28/11/1874) pp.1

104 https://www.familysearch.org/ark:/61903/3:1:S3HY-65R9-GC2?i=426&cc=2015365 [octubre 2017], https://www.familysearch.org/ark:/61903/3:1:939D-34S3-55?i=629&cc=2015365 [octubre 2017], https://www.familysearch.org/ark:/61903/1:1:XPG9-NYG [octubre 2017]

José Velasco Guiral, de 60 años, de Vélez de Benaudalla, empleado, casado.
Hijo de Francisco Velasco [Alvarez], y Angustias Guiral Salazar.
Casado con Clara Romera Sánchez, de Almuñécar.
Paulino Velasco Romera, de 26 años, natural de Motril, soltero, empleado.
Rafael Velasco Romera, de 24 años, de Motril.
Ubaldo Velasco Romera, de 22 años, de Algeciras, Cádiz. Estudiante en Madrid.[&]

1875,Agosto,15.Granada.[105]

Ingresa en el Hospital de San Juan de Dios, Aurora Medina Ruiz, de 64 años, natural de Almuñécar, vecina de Motril.
Hija de José Medina, y María Ruiz.[&]
[Casada con Nicolás Pineda]

1875,Diciembre,3.Granada.[106]

Ingresa en Hospital San Juan de Dios, Francisco Cervilla Fernández, de 36 años, de Almuñécar, vecino de Motril.
Hijo de Manuel Cervilla, y Josefa Fernández.[&]

1876,Marzo,19.Almuñécar.[107]

Nace José María Fajardo Domínguez.
Hijo de José Rafael Fajardo Valladares, y Josefa Domínguez Rodríguez, ambos de Otívar.[&]

1876,Agosto,19.Cartagena.[108]

La prensa de Cartagena publica:
Las vegas de Motril, Salobreña y Labares [Lobres] producen de siete a ocho millones de arrobas de caña de azúcar; la de Adra un millón de arrobas, y la de Almuñécar otro millón.
Las plantaciones aumentan en toda la costa extendiéndose hoy hasta Denia.
Cuéntase además en el litoral Mediterráneo las siguientes fábricas montadas con arreglo a los últimos adelantos:
Tres en Motril, una de ellas la del señor Larios con tres molinos y aparatos suficientes para beneficiar 82.000 arrobas de caña diarias.
Dos en Salobreña
Tres en Almuñécar
Tres en Málaga
Una en San Pedro de Alcántara
Una en Estepona.
[Azucarera Nuestra Señora de la Cabeza]

1877,Diciembre,1.Motril.[109]

Contraen matrimonio María Dolores Medina Bacas, natural de Almuñécar, con Cristóbal Antonio Esteban Campoy Jiménez, natural de Motril.[&]
[María de los Dolores Medina Vacas]

1880,Septiembre,30.Granada.[110]

Salida de los carteros a repartir el correo general a las ocho de la mañana
Id. De la Alpujarra, Motril y Almuñécar a de la tarde.

1881.Motril.[111]

Nace María Campoy Medina.
Hija de Cristóbal Antonio Esteban Campoy Jiménez, de Motril, y María de los Dolores Medina Baca, de Almuñécar.
[María de los Dolores Medina Vaca]

1881.Motril.[112]

Nace Manuel Díaz Ariza.

---

105 https://familysearch.org/ark:/61903/3:1:33S7-9YPJ-BSW?i=11&wc=MPYS-7MH%3A350452201%3Fcc%3D2046761&cc=2046761 [octubre 20016], https://familysearch.org/ark:/61903/3:1:33SQ-GYPJ-RF6?i=186&wc=MPYS-7MH%3A350452201%3Fcc%3D2046761&cc=2046761 [octubre 2016]

106 https://familysearch.org/ark:/61903/3:1:33S7-9YPJ-YBG?i=45&wc=MPYS-7MH%3A350452201%3Fcc%3D2046761&cc=2046761 [octubre 2016]

107 https://www.familysearch.org/ark:/61903/3:1:33S7-9RT1-9569?i=138&wc=7BT1-28K%3A391376202%2C1585429901%2C1585483002&cc=2015356 [noviembre 2017]

108 19/08/1876 Eco de Cartagena - Página: 1

109 http://gw4.geneanet.org/index.php3?b=motril&=es;pz=tony;nz=neulat;ocz=0;p=maria+dolores;n=medina+bacas [junio 2009], https://familysearch.org/ark:/61903/1:1:XPGK-GY9 [enero 2016], https://familysearch.org/ark:/61903/3:1:33S7-9RT1-SM9C?mode=g&i=65&wc=Q5W4-69W%3A391376202%2C1585428801%2C1585481701&cc=2015356 [enero 2017]

110 La lealtad : diario politico de Granada: Año IX Número 2262 - 1880 septiembre 30 pp.3

111 https://familysearch.org/ark:/61903/1:1:XPGK-GY9 [enero 2017], https://familysearch.org/ark:/61903/3:1:33S7-9RT1-SM9C?mode=g&i=65&wc=Q5W4-69W%3A391376202%2C1585428801%2C1585481701&cc=2015356 [enero 2017]

112 https://familysearch.org/ark:/61903/3:1:33S7-9RYM-WVP?mode=g&i=609&wc=Q5W4-69Y%3A391376202%2C1585429701%2C1585431702&cc=2015356 [febrero 2017], https://familysearch.org/ark:/61903/1:1:XP2X-RX9 [febrero 2017]

Hijo de Vicente Díaz Videras, de Almuñécar, y Carolina Ariza Fernández, de Motril.[&]

1881.Almuñécar.[113]

Nace Juan Pertíñez Ruiz.

1881,Abril,6.12:30.Granada.[114]

Se ha telegrafiado a Motril para que lleven harina a Almuñécar.

1881,Abril,7.Motril.[115]

Han quedado restablecidas las comunicaciones entre Motril y Almuñécar.

1881,Abril,9.Almuñécar.[116]

Las inundaciones del río verde en Almuñecar han aislado a Almuñécar que se encuentra sin harina. Han salido barcas hasta Motril para buscar este producto.

1881,Abril,12.Almuñécar.[117]

Nace Elena Romera Martín.

Hija de Germán Romera del Castillo y de Elena Martín Mendigorri.[&]

[Contraerá matrimonio con el motrileño José Cruz Díaz Sánchez].

1881,Abril,21.Granada.[118]

La Asamblea Provincial de Granada, atendiendo las indicaciones del popular y digno diputado por el distrito de Motril, Sr. Francisco Bermúdez de Castro y Montes, encomienda al director de Obras Públicas provinciales los estudios de una carretera que comunique el puerto de Almuñécar con Jete y Otívar.

1881,Junio,11.Almuñécar.[119]

En Almuñécar hay tres candidatos para las elecciones, el abogado motrileño Gaspar Esteva, el coronel Miguel Cervilla, almuñequero, y el propietario de Motril José Martínez de Roda.

[Gaspar Esteva Moreu]

1881,Agosto,4.Granada.[120]

Se ha dado orden al jefe de la Guardia Civil para que mande retirarse de Motril las fuerzas procedentes de Almuñécar, Vélez y Béznar, que se reconcentraron en aquella población con motivo de los desordenes de los obreros.

1881,Septiembre,25.Almuñécar.[121]

Nace Manuel Fajardo Domínguez.

Hijo de José Rafael Fajardo Valladares, y Josefa Domínguez Rodríguez, ambos de Otívar.[&]

1882,Julio,25.Motril.[122]

El corresponsal de "*La Independencia*" en Motril envía varias noticias entre las que destaca la necesidad de continuar los trabajos de la carretera de Motril a Almuñécar que se encuentran paralizados.

1882,Agosto,9.Málaga.[123]

Desde Málaga se quejan de que no hay muchos bañistas y que "*... los puertos de menos importancia se levan la primacía, como Almuñécar, Motril, Calahonda y otros..*"

1882,Agosto,21.Granada.[124]

Sale hacia las playas de Almuñécar, Calahonda y Castell de Ferro, José Carmelo Apellanis, con objeto de tomar apuntes de marina.

1882,Septiembre,16.Granada.[125]

---

113 https://www.familysearch.org/ark:/61903/3:1:33SQ-GRRQ-SZ?i=169&wc=7BRG-VFV%3A391376202%2C1585429701%2C1585446501&cc=2015356 [diciembre 2018]

114 Imparcial, El (Madrid. 1867). 07/04/1881, página 2

115 'El Defensor de Granada : diario político independiente' - Año II Número 189 (07/04/1881),pp.2

116 'El Defensor de Granada : diario político independiente' - Año II Número 190 (09/04/1881),pp.2

117 http://trees.ancestry.com/tree/6315395/person/-1312022478 [marzo 2012]

118 El Defensor de Granada : diario político independiente Año VI Número 1925 - 1885 noviembre 25 pp.1

119 'El Defensor de Granada : diario político independiente' - Año II Número 452 (11/06/1881),pp.2

120 'El Defensor de Granada : diario político independiente' - Año II Número 305 (04/08/1881),pp.2

121 https://www.familysearch.org/ark:/61903/3:1:33S7-9RT1-9569?i=138&wc=7BT1-28K%3A391376202%2C1585429901%2C1585483002&cc=2015356 [noviembre 2017]

122 'La Independencia : diario de Granada y su provincia' - Año I Número 10 (28/07/1882),pp.2

123 'La Independencia : diario de Granada y su provincia' - Año I Número 20 (09/08/1882),pp.3

124 'La Independencia : diario de Granada y su provincia' - Año I Número 29 (20/08/1882),pp.2

Gracias a las gestiones del gobernador, parece que en breve comenzarán los trabajos de la carretera de Motril a Almuñécar.

1882,Octubre,28.Motril.[126]

El comandante Militar de Marina de Motril, llama al patrón de la matrícula de Almuñécar, José Gómez Carrasco, alias Jeluca, para que en el término de 30 días se presente ante dicha autoridad.

1882,Noviembre,12.Granada.[127]

La prensa se queja de que se hallan paralizado las obras de la carretera de Motril a Almuñécar.

1883.Marzo,14.Almuñécar.[128]

Nace Encarnación Requena Rodrigo.

1883,Junio,14.Motril.[129]

Se están realizando gestiones para que a la mayor brevedad posible continúen los trabajos de la carretera de Motril a Almuñécar.

1883,Junio,28.Motril.[130]

Aún falta la construcción de seis kilómetros de camino en la carretera entre Motril y Almuñécar.

1883,Julio,26.Motril.[131]

Desde Almuñécar ha llegado Rafael Márquez.

1883,Agosto,2.Motril.[132]

La Dirección General ha remitido nota a los directores de los puertos de Albuñol, Almuñécar y Motril, que únicamente sometan a observación los buques que procedentes de puertos infestados o notoriamente comprometidos que toquen en otros de Inglaterra y no sufran en ellos cuarentena.

1883,Agosto,4. Granada.[133]

Se informa a los señores directores de los puertos de Albuñol, Almuñécar y Motril por parte de la Dirección General, que únicamente se sometan a observación los buques que procedan de puertos infectados o notariamente comprometidos que toquen en otros de Inglaterra y no sufran en ellos cuarentena.

1883,Agosto,20.[134]

La Dirección General de Obras Públicas ha publicado una memoria acerca de los puertos españoles, su situación, estudios, etc. En Granada está en estudio uno en Calahonda y se conceptúan como puertos naturales o fondeaderos los de Almuñécar, Salobreña, Motril, Castell de Ferro, La Mamola y la Rábita.

1883,Noviembre,8.Motril.[135]

Se alerta a la población sobre la posibilidad de que los bandoleros conocidos como Melgares y el Vizco se encuentren en el distrito de Motril, quizás en Salobreña o Almuñécar.

1883,Diciembre,6.Granada.[136]

La Liga de Contribuyentes de Granada se defiende la construcción del puerto de Calahonda así como otras infraestructuras en la zona de la costa como la carretera de Calahonda o la de Almuñécar.

1883,Diciembre,13.[137]

La caña de azúcar.

Según carta de Motril, los fríos están causando grandes estragos en aquella vega; gracias a los fuertes vientos no llora Motril su ruina, mas en tanto que no llueva, la intranquilidad es grandísima. El

125 'La Tribuna : diario político' - Año II Número 359 (16/09/1882),pp.2, 'El Defensor de Granada : diario político independiente' - Año III Número 710 (16/09/1882),pp.2

126 'La Tribuna : diario político' - Año II Número 394 (28/10/1882),pp.2, 'El Defensor de Granada : diario político independiente' - Año III Número 752 (28/10/1882),pp.2

127 'La Tribuna : diario político' - Año II Número 406 (12/11/1882),pp.2

128 https://www.familysearch.org/ark:/61903/3:1:33SQ-GRR7-87D?i=663&wc=7BRG-VFD%3A391376202%2C1585433001%2C1585446501&cc=2015356 [diciembre 2018]

129 'La Revista : local y literaria' - Año I Número 4 (14/06/1883),pp.4

130 'La Revista : local y literaria' - Año I Número 8 (28/06/1883),pp.4

131 'La Revista : local y literaria' - Año I Número 16 (26/07/1883),pp.4

132 'La Revista : local y literaria' - Año I Número 18 (02/08/1883),pp.4

133 'La Tribuna : diario político' - Año III Número 621 (04/08/1883),pp.3

134 'La lealtad : diario político de Granada' - Año XII Número 3118 (20/08/1883), pp.3, 'La Revista : local y literaria' - Año I Número 24 (23/08/1883),pp.4

135 'La Revista : local y literaria' - Año I Número 46 (08/11/1883),pp.1

136 'La Revista : local y literaria' - Año I Número 54 (06/12/1883),pp.1

137 El Defensor de Granada, 13 de Diciembre de 1883, pp.2

termómetro ha marcado de 3 á 5 grados centígrados sobre cero y una noche ha bajado a cero; se teme que las cañas se hielen, como según ha sucedido en Almuñécar y Castell de Ferro, donde se ensayaban este año.

1883,Diciembre,13.Motril.[138]

Existe cierta preocupación entre los labradores que han visto como se han helado las cañas de azúcar de Almuñécar, Jete, la Herradura y otros pueblos. Las de Motril aún están lozanas.

1883,Diciembre,27.Granada.[139]

Se venden 12.352 cajones de pino vacíos procedentes de envases de tabacos y que se encuentran repartidos en Granada, Alhama, Almuñecar, Baza, Guadix, Huéscar, Iznalloz, Loja, Motril, Orgiva, Santa Fé y Ugíjar.

1884,Enero,10.Motril.[140]

La pasa se explota principalmente en Almuñécar, Motril y Salobreña.

1884,Febrero,29.Granada.[141]

La prensa de Granada y Almería llaman la atención sobre la necesidad de finalizar los tramos de carretera entre Almuñécar a Motril y de Motril a Adra.

1884,Marzo,3. Almería.[142]

La prensa almeriense reclama a la Diputación de Granada que terminen los trozos de carretera de Almuñécar a Motril y de Motril a Adra, pues de ese modo tendrán salida para poniente los productos de aquella provincia.

1884,Abril,11.Motril.[143]

De paso para Albuñol ha llegado el exgobernador de Madrid, Alberto Aguilera, así como el secretario del Gobierno Civil de Granada, de paso para Almuñécar.

1884,Mayo,8. Motril.[144]

El diputado por Motril, Gisbert, parece que una de las primeras actuaciones que realizará será la de solicitar la terminación de la carretera de Almuñécar.

1884,Junio,7.Madrid.[145]

El señor Gisbert está realizando gestiones para la terminación de las carreteras de Motril a Gualchos y a Almuñécar.

1884,Julio,17.Motril.[146]

El tiempo en Motril es delicioso, sin excesivo calor, la salud pública inmejorable.

Los puertos de Almuñécar, Salobreña, Motril, Torrenueva y Calahonda, especialmente este último, ofrecen una concurrencia numerosa a juzgar por los pedidos y preparativos.

1884,Octubre,2. Motril.[147]

Durante varios días han permanecido en Motril, hospedándose en la casa de Jerónimo de Ilarduya, la distinguida señora del diputado a Cortes, Sebastián Carrasco, y la linda señorita de Almuñécar Elisa Müller.[&]

[Jerónimo Tros de Ilarduya y Mendoza]

[Sebastián Carrasco y Calvente]

1884,Octubre,30.Motril.[148]

Han salido hacia Granada los ingenieros Sánchez y Orbas, que han permanecido en Motril algunos días, dedicados a la dirección del trabajo de la carretera de Almuñécar.

1884,Noviembre,23.Madrid.[149]

138 'La Revista : local y literaria' - Año I Número 56 (13/12/1883),pp.2
139 'La Revista : local y literaria' - Año I Número 57 (16/12/1883),pp.2
140 'El Defensor de Granada : diario politico independiente' - Año V Número 1183 (10/01/1884),pp.1
141 El Defensor de Granada : diario politico independiente Año V Número 1235 - 1884 febrero 29 pp.2
142 'La Revista : local y literaria' - Año II Número 78 (03/03/1884),pp.3
143 'La Revista : local y literaria' - Año II Número 90 (13/04/1884),pp.3
144 'La Revista : local y literaria' - Año II Número 97 (08/05/1884),pp.3
145 'El Defensor de Granada : diario politico independiente' - Año V Número 1332 (07/06/1884),pp.2
146 Correspondencia de España, La. 21/07/1884, n. 9617, página 2.
147 'La Revista : local y literaria' - Año II Número 139 (02/10/1884),pp.3
148 'La Revista : local y literaria' - Año II Número 149 (30/10/1884),pp.3

Se ha habilitado la aduana de Motril–Calahonda para el despacho de toda clase de artículos, excepto bacalao, aguardiente, coloniales y tejidos.

Barranco del Medio

Para el embarque de frutos del país con documentación de la Aduana de Almuñécar.

Castel de Ferro.

Para el embarque y el desembarque de frutos y efectos dei país con documentación dee la Aduana de Motril.

Mamola .

Para el embarque y el desembarque de futos y efectos del país, con documentación de la Aduana de Aibuñol.

Playa de Almuñécar.

Para el embarque de cales y ladrillos con documentación de la Aduana de Almuñécar.

Playa de Cambrón.

Para el embarque do frutos del país, y para el desembarque de tablas, cajas vacías, cales, ladrillos y materiales analagos de la producción española con autorización de la Aduana de Motril.

Playa de la Herradura.

Para el embarque y el desemb rquc dc frutos del país, y para el desembarque de los de producción extranjera adeudados en la Aduana de Almuñécar, .todo con documentación de esta Aduana.

Rada de la Galera.

Para el embarque y el desembarque de frutos y efectos del país con documentación de la Aduana ele Almuñécar.

Salobreña (playa de).

Para el embarque y el desembarque de frutos y efectos del país, y para el desembarque y el despacho de guano ctel Perú, carbón y los materiales y máquinas necesarios para las fábricas de aguardiente y azúcar .allí establecidas, con documentación de la Aduana de Motril.

1885.Motril.[150]

Nace Alfredo Sánchez Reinosa.

Hijo de Diego Sánchez García, de Gualchos, y Francisca Reinosa Mateos, de Almuñécar.[&]

1885,Febrero,11.Madrid.[151]

La prensa madrileña se hace eco de una noticia de la Crónica Meridional de Andalucía:

"De Motril nos escriben lamentándose de la miseria que hay en la comarca, efecto de los terremotos y de los hielos espantosos que ha habido en el presente año, no conocidos hace ya mucho tiempo.

La manera de contrarrestar el pauperismo, tanto en Motril como en los pueblos limítrofes de Salobreña, Almuñécar y otros, sería si el gobierno continuara las obras de la carretera de Almería a Málaga, en cuyo trabajo muchos braceros se ocuparían, llevando el sustento al hogar doméstico.

Llamamos la atención del ministro de Fomento sobre esta necesidad imperiosa, contribuyendo de este modo al alivio de muchas familias que se ven en la mayor indigencia."

1885,Mayo,3.Motril.[152]

Ha sido destinado a situación de reemplazo con residencia en Almuñécar, el alférez del batallón Reserva de Motril, José Cuevas Vega.

1885,Octubre,26.Granada.[153]

Contraen matrimonio Antonio María Jiménez Beteta, de Motril, con Francisca Castillo Rodrigo, de Almuñécar.[&]

1886.Almuñécar.[154]

Nace Remedios Pineda González.

Hija de Francisco Pineda Herrera, de Motril, y María del Rosario González Cabezas, de Santa Fe.[&]

1886,Junio,10.24:00.Motril.[155]

La Guardia Civil había establecido un dispositivo de control vigilando la casa de Antonio Hernández Velasco por una denuncia previa sobre un agujero en su pared. A sabiendas de que los ladrones estaban dentro el sargento Lorenzo Gonzalo González dio el alto, junto a dos guardias, un

---

149 Gaceta de Madrid núm. 328, de 23/11/1884, páginas 467 a 479. http://www.boe.es/datos/pdfs/BOE//1884/328/A00467-00479.pdf [agosto 2018]

150 https://familysearch.org/ark:/61903/3:1:33S7-9RR4-9QYJ?mode=g&i=897&wc=Q53P-8J2%3A391376202%2C1585429801%2C1585458601&cc=2015356 [marzo 2017]

151 República, La (Madrid. 1884). 11/02/1885, página 2

152 El Defensor de Granada : diario político independiente Año VI Número 1719 - 1885 mayo 3 pp.2

153 https://familysearch.org/ark:/61903/3:1:33S7-9R5H-3J3?mode=g&i=857&wc=QPYV-7FR%3A391376202%2C1585429901%2C1585431001&cc=2015356 [marzo 2017], https://familysearch.org/ark:/61903/1:1:XP2Z-VTY [marzo 2017]

154 https://familysearch.org/ark:/61903/1:1:XP26-WJY [enero 2017], https://familysearch.org/ark:/61903/3:1:33S7-9RT1-SMCG?mode=g&i=78&wc=Q5W4-6CF%3A391376202%2C1585428801%2C1585487001&cc=2015356 [enero 2017]

155 'El Defensor de Granada : diario político independiente' - Año V Número 2132 (13/06/1886),pp.2

ladrón intento huir y se disparó, se calaron las bayonetas para evitar huída pero uno saltó y salió corriendo, se le disparó dándole la bala en la espalda y saliendo por el pecho, quedo muerto.

Al parecer los malhechores eran de Almuñécar, aunque compinchados con alguien de Motril por lo acertado del intento.

1886,Diciembre,18.Motril.[156]

Ha sido trasladado a la estación telegráfica de Almuñécar, Antonio L. De Alcalá y Soler, que servía la de Motril. Para este punto ha sido nombrado el de Sevilla, Francisco Correa Gálvez.

1887.Motril.[157]

Nace Encarnación Díaz Ariza.

Hija de Vicente Díaz Videras, de Almuñécar, y Carolina Ariza Fernández, de Motril.[&]

1887.Granada.[158]

Nace Antonio Jiménez Castillo.

Hijo de Antonio María Jiménez Beteta, de Motril, con Francisca Castillo Rodrigo, de Almuñécar.[&]

1887,Febrero,27.Granada.[159]

En la Comisión Provincial el marqués de Dílar informa que para formular el anteproyecto del puerto de Calahonda le reclaman datos a la importación y exportación de productos en las aduanas de la provincia (Motril, Salobreña, Albuñol y Almuñécar).

En la de Motril, en el año 1.886 han entrado, por cabotaje, mercancías por la cantidad total de 4.584.477 kg.

Han salido 7.617.064 kg

Han entrado del extranjero: 13.902.176 kg

Han salido: 754.529 kg

[I Marqués de Dílar: Pablo Díaz y Jiménez]

1887,Mayo,13.Motril.[160]

Ha sido nombrado habilitado de las administraciones de aduanas de Motril, Calahonda y Almuñécar, Eduardo Gómez Moreno, por haber fallecido Juan Redondo Cañas.

1887,Junio,25.Motril.[161]

Han sido nombrados los fiscales municipales para varios partidos judiciales, entre ellos el de Motril.

Partido judicial de Motril:

Motril	Horacio Aizpiolea Bellido
Almuñécar	José Rubio Daza
Guájar Alto	Brígido Guerrero Arellano
Guájar Faragüit	Cecilio Correa
Guájar Fondón	Andrés Vallejo Vera
Gualchos	Lorenzo Villa Pino
Itrabo	Joaquín Cano Mecas
Jete	Andrés Díaz Almendros
Lentegí	Antonio Guerrero Rodríguez
Lújar	Ángel Rodríguez Fernández
Molvízar	Santiago Prados Béjar
Otívar	Vicente Aneas Sánchez
Salobreña	Juan Gómez Herbas
Vélez de Benaudalla	Juan Montero Padial.

1887,Junio,29.Granada.[162]

Han sido nombrados los jueces municipales para varios partidos judiciales, entre ellos el de Motril.

Partido judicial de Motril:

Motril	Florencio Moreu Auger

156 'El Defensor de Granada : diario político independiente' - Año VIII Número 2352 (18/12/1886),pp.2

157 https://familysearch.org/ark:/61903/3:1:33S7-9RYM-WVP?mode=g&i=609&wc=Q5W4-69Y%3A391376202%2C1585429701%2C1585431702&cc=2015356 [febrero 2017], https://familysearch.org/ark:/61903/1:1:XP2X-RX9 [febrero 2017]

158 https://familysearch.org/ark:/61903/3:1:33S7-9R5H-3J3?mode=g&i=857&wc=QPYV-7FR%3A391376202%2C1585429901%2C1585431001&cc=2015356 [marzo 2017], https://familysearch.org/ark:/61903/1:1:XP2Z-VTY [marzo 2017]

159 'El Defensor de Granada : diario político independiente' - Año VIII Número 1245 (01/03/1887),pp.2

160 'La Política' - Año I Número 61 (13/05/1887),pp.2

161 El Defensor de Granada : diario político independiente Año VIII Número 2537 - 1887 junio 25 pp.2

162 El Defensor de Granada : diario político independiente Año VIII Número 2541 - 1887 junio 29 pp.2, La Política Año I Número 100 - 1887 junio 30 pp.2

Almuñécar	Rafael Guidet Calvente
Guájar Alto	Antonio Rodríguez González
Guájar Faragüit	Juan Correa García
Guájar Fondón	Juan Romero García
Gualchos	Miguel Sánchez Blanco
Itrabo	Manuel Miranda Navarro
Jete	Francisco Bustos García
Lentegí	José Vallejo González
Lújar	Andrés Rodríguez Rodríguez
Molvízar	Francisco Alonso Rodríguez
Otívar	Adeodato Domínguez Caballero
Salobreña	Hipólito Martín Mendigerri
Vélez de Benaudalla	José Montero Padial.

1887,Julio,15.Molvízar.[163]

Hace unos días se fugó de la cárcel de Motril el preso llamado José Carrascosa Sánchez (a) Martirio, presunto autor del alevoso asesinato y robo cometido en la persona de D. Vicente Caballero Fernández, vecino de la Herradura, anejo de Almuñécar.

El fugado andaba escondiéndose en las inmediaciones de Molvízar.

La Guardia Civil ha sorprendido al delincuente al entrar en un ventorrillo que allí había, donde se hizo fuerte amenazando a la Guardia con una pistola.

Desarmóle la Guardia Civil fue puesto a disposición del juez competente.

1887,Octubre,29.Lentejí.[164]

La Guardia Civil de Almuñécar sorprendió en el camino de Lentejí a Otívar, al vecino de Motril, Guillermo Romacho con objeto de asesinarlo, y consiguiendo sólo herirlo de un disparo que le hicieron al emprender la fuga.

Los agresores eran Francisco Miras, vecino de Lenteja, y Faustino Sánchez Cobos, de oficio arriero, que acompañaba como criado al lesionado. Ambos han sido puestos a disposición del juzgado municipal de Lentejí.

[Francisco Franco Misas]

1887,Noviembre,22.Almuñécar.[165]

Por iniciativa de la Excma. Sra. Doña Emilia Márquez de Valverde y mediante la eficaz cooperación del ilustrado diputado a Cortes por el distrito de Motril, Excmo. Sr., Luis Díaz Moreu, se proyecta edificar, en Almuñécar, un hospital, cuyos planos ha realizado el notable arquitecto de Madrid, José Grases y Riera.

[Emilia Márquez y Márquez – José Valverde y Orozco]

1888.Granada.[166]

Nace Cándido Díaz Ariza.

Hijo de Vicente Díaz Videras, de Almuñécar, y Carolina Ariza Fernández, de Motril.[&]

1888,Marzo,20.Almuñécar.[167]

La Guardia Civil de Almuñécar ha capturado a un sujeto a quién reclamaba el Juzgado de Instrucción de Motril.

1888,Junio,20.Granada.[168]

Se publica un anuncio en la prensa de Granada.

Diligencia de Motril a Almuñécar.

Entre dichos puntos se ha establecido un servicio de coches en combinación con los de "La Motrileña". Los cómodos carruajes que la empresa pone a disposición del público, saldrán de Motril diariamente a la llegada de de los de Granada, parando en Almuñécar en la puerta del café-fonda de Castro, facilitando este servicio la concurrencia de bañistas a aquellas hermosas playas, que antes dejaban de ir por falta de coches que hicieran esta carrera con regularidad.

1888,Agosto,3.Madrid.[169]

---

163 La Correspondencia de España : diario universal de noticias Año XXXVIII Número 10711 - 1887 julio 20 pp.1

164 'El Popular : Diario granadino de la tarde' - Año Primero Número 91 (04/11/1887)..p.2, 'La Política' - Año I Número 205 (04/11/1887),pp.2, El Defensor de Granada : diario político independiente Año VIII Número 2668 - 1887 noviembre 5 pp.3

165 El Defensor de Granada : diario político independiente Año VIII Número 2690 - 1887 noviembre 22 pp.1

166 https://familysearch.org/ark:/61903/3:1:33S7-9RYM-WVP?mode=g&i=609&wc=Q5W4-69Y%3A391376202%2C1585429701%2C1585431702&cc=2015356 [febrero 2017], https://familysearch.org/ark:/61903/1:1:XP2X-RX9 [febrero 2017]

167 El Defensor de Granada : diario político independiente Año IX Número 2801 - 1888 marzo 20 pp.1

168 El Popular : Diario granadino de la tarde: Año II Número 282 - 1888 junio 20 pp.3

169 Iberia, La (Madrid. 1854). 03/08/1888, página 3.

La prensa indica que es inexacto que exista la epidemia variolosa en Motril, Calahonda y Almuñécar.

1888,Agosto,25.Motril.[170]

Procedente de Almuñécar y de paso para Castell de Ferro ha llegado el afamado prestidigitador lusitano Sr. Fortuny.

1888,Agosto,25.Granada.[171]

Ingresa en el Hospital de San Juan de Dios, Nieves Martín Martín, de 15 años, natural de Almuñécar, vecina de Motril.

Hija de José Martín, y Teresa Martín.[&]

1888,Octubre,23.Motril.[172]

Un sujeto penetró noches pasadas en el ventorrillo que Miguel Aguilar González tiene establecido en Motril, cerca del vado del río Guadalfeo, camino de Almuñécar, y sustrajo veinte pesetas y una escopeta.

El ventorrillero dio parte al sargento primero de la Guardia Civil, Francisco Melero Pérez, y por consecuencia de sus gestiones se presentó en la casa cuartel el autor del robo, entregando la escopeta y negando haber robado dinero.

Dicho sujeto ha sido puesto a disposición del juzgado instrucción de Motril.

1889,Enero,30.14:00.Salobreña.[173]

En el camino de Salobreña iba un clérigo, sin hábitos, y un joven con mulas y que venía de Almuñécar con un muestrario de una casa de Málaga. Este le dio latigazos a las mulas y en uno de ellos dio al clérigo que derribó y le causó algún desperfecto. Este ha puesto el asunto en conocimiento de las autoridades.

1889,Febrero,11.Motril.[174]

Se encuentra vacante la plaza de recaudador de contribución de la primera y segunda zona de Motril.

La primera comprende:

Motril,
Lújar,
Vélez de Benaudalla y
Gualchos,

y la segunda

Almuñécar,
Otívar,
Lentegí,
Jete,
Guajar Alto,
Guajar Fondón,
Guájar Faragüit,
Salobreña,
Ítrabo y
Molvízar.

1889,Marzo,2.Motril.[175]

Con relación del caso del asesinato de Urquízar han sido detenidas las siguientes personas:

José Camino Vaca, fotógrafo de Granada, natural de Almuñécar casado y de 46 años.

Aniana Sánchez Montoya, vecina de Motril, de 42 años, esposa del guarda Cristóbal Molina López.

Carmen Morente Lorente, de Motril, de 37 años, esposa del jardinero Luis Vílchez Lizana.

Carmen Vílchez Antúnez, de Motril, de 70 años, mujer del portero Megías.

Lucía Rodríguez Sánchez, natural de Vélez Benaudalla, viuda de 50 años y cocinera del señor Zúñiga.

Luisa Molina Fernández, de Motril, de 16 años, y sirvienta de la fábrica.

Todos fueron incomunicados.

170 El Defensor de Granada : diario político independiente Año IX Número 2958 - 1888 agosto 25 pp.2

171 https://familysearch.org/ark:/61903/3:1:33S7-9YPX-9S2?mode=g&i=57&wc=MPTF-RM7%3A350294901%3Fcc%3D2046761&cc=2046761 [septiembre 2016]

172 El Defensor de Granada : diario político independiente Año IX Número 3018 - 1888 octubre 23 pp.2

173 'El Defensor de Granada : diario político independiente' - Año X Número 3118 (01/02/1889),pp.2

174 'El Popular : Diario granadino de la tarde' - Año III Número 481 (11/02/1889),pp.2

175 'El Popular : Diario granadino de la tarde' - Año III Número 501 (06/03/1889),pp.2

Prestaron declaración D. Pedro Domínguez, uno de los dueños de la fábrica, y don José Alonso Bernal, perito agrónomo y jefe de los trabajos de campo del establecimiento.[&]
[Enrique Zúñiga Montoro]
[Francisco Urquízar Villarroel]

1889,Abril,8.Almuñécar.[176]

Han pasado desde el puerto de Almuñécar al de Calahonda unas mujeres en busca de sus maridos e hijos, que con sus embarcaciones habían tenido que huir desde el primer punto sin saber siquiera al sitio donde se habían refugiado. Las referidas mujeres no han conseguido hasta ahora encontrar, en paradero, pero se supone que aparecerán, pues no se ha oido decir que hayan ocurrido desgracias.

1889,Mayo.Granada.[177]

En la calle Elvira, 82, parroquia de San José, residen:
Plácido Herreros Caballero, nacido el 27 de enero de 1.841, en Nerja, militar,.casado.
Caridad Zorrilla Abreu, nacida el 4 de febrero de 1.862, en Santiago de Cuba
Gracia Herreros Zorrilla, nacida el 6 de marzo de 1.879, en Santiago de Cuba
Plácido Herreros Zorrilla, nacido el 19 de agosto de 1.880, en Santiago de Cuba
Luis Herreros Zorrilla, nacido el 24 de septiembre de 1.881, en Almuñécar
Eugenio Herreros Zorrilla, nacido el 2 de junio de 1.888, en Granada.
Ana, nacida el 13 de diciembre de 1.837, en Motril, viuda.[&]

1889,Mayo,1.Granada.[178]

Ingresa en el Hospital de San Juan de Dios, Ana Chacón Bombi, de 30 años, natural de Almuñécar, vecina de Motril.
Hija de Francisco Chacón Rodrigo, y Teresa Bombi Picado.[&]

1889,Mayo,19.Granada.[179]

En la calle Elvira 160, parroquia de San Andrés, residen:
María Pérez [Chapones], nacida el 19 de junio de 1.841, en Puerto María, Cádiz, viuda
María López Pérez, nacida el 7 de mayo de 1.860, en Cádiz, viuda
Asunción López Pérez, nacida el 4 de enero de 1.864, en Almuñécar, soltera
Luis Manuel López Pérez, nacido el 15 de marzo de 1.868, en Motril
Carmen López Pérez, nacido el 17 de diciembre de 1.874, en Motril.[&]

1889,Mayo,30.Granada.[180]

En la calle Calderería Nueva, 27, parroquia de San José, residen:
Vicente Díaz Videras, nacido en 1.859, en Almuñécar, cerrajero, casado
Carolina Ariza Fernández, nacida en 1.850, en Motril
Manuel Díaz Ariza, nacido en 1.881, en Motril
Encarnación Díaz Ariza, nacida en 1.882, en Motril
Cándido Díaz Ariza, nacido en 1.889, en Granada.[&]

1889,Mayo,31.Granada.[181]

En la calle Elvira, 15, principal, parroquia de San Gil, residen:
José Rafael Fajardo Valladares, nacido el 5 de agosto de 1.841, en Otívar, telegrafista, casado
Josefa Domínguez Rodríguez, nacida el 1 de enero de 1.839, en Otívar
Rafael Fajardo Domínguez, nacido el 21 de diciembre de 1.874, en Motril
José María Fajardo Domínguez, nacido el 19 de marzo de 1.876, de Almuñécar
Manuel Fajardo Domínguez, nacido el 25 de septiembre de 1.881, natural de Almuñécar.[&]

1889,Junio,6.Motril.[182]

Circuló esta mañana la noticia de que muy en breve se levantaría el patíbulo en esta ciudad para ejecutar a reo condenado a muerte José Carrascosa (a) Martirio. Aunque la noticia parecía factible, nadie creía se confirmase tan pronto; pero después se recibieron telegramas anunciando, desgraciadamente, que en la próxima semana será probablemente ejecutado el reo Carrascosa.

Es difícil pintar el sentimiento que ha causado en el vecindario ver que el desgraciado Carrascosa, dentro de breves días, expiará sus crímenes en afrontoso patíbulo, ante el pacífico y poco

176 El Defensor de Granada : diario político independiente: Año X Número 3185 - 1889 abril 11 pp.2
177 https://www.familysearch.org/ark:/61903/3:1:33SQ-GRT1-9TV6?i=495&wc=7BT1-286%3A391376202%2C1585429801%2C1585479801&cc=2015356 [agosto 2018]
178 https://familysearch.org/ark:/61903/3:1:33S7-9YPX-9Q4?mode=g&i=134&wc=MPTF-RM7%3A350294901%3Fcc%3D2046761&cc=2046761 [septiembre 2016], https://familysearch.org/ark:/61903/1:1:XP2Z-P4B [septiembre 2016], https://familysearch.org/ark:/61903/1:1:XPK1-H5P [septiembre 2016]
179 https://www.familysearch.org/ark:/61903/3:1:33S7-9RYM-F8?i=528&wc=7BBW-2JS%3A391376202%2C1585433001%2C1585479801&cc=2015356 [junio 2018]
180 https://www.familysearch.org/ark:/61903/3:1:33S7-9RT1-9TD1?i=389&wc=7BT1-286%3A391376202%2C1585429801%2C1585479801&cc=2015356 [agosto 2018]
181 https://www.familysearch.org/ark:/61903/3:1:33S7-9RT1-9569?i=138&wc=7BT1-28K%3A391376202%2C1585429901%2C1585483002&cc=2015356 [noviembre 2017]
182 La Correspondencia de España : diario universal de noticias Año XL Número 11392 - 1889 junio 10 pp.1

acostumbrado público, que tendrá necesidad de presenciarlo, por ser la cabeza de partido del en que se cometió el crimen; así sucedió hace nueve o diez años, que se ejecutó otro reo de Almuñécar, así como este es del pueblo de Itrabo.

La prensa de esta, el vecindario entero, sin excepción de clases ni sexos, firman una solicitud impetrando la gracia del indulto.

Y si en ello, como creo, desde las columnas de ese humanitario periódico, no tienen inconveniente, pidan porque S.M. la reina conceda el indulto del desgraciado Carrascosa, y así evitará que esta abatida población presencie espectáculo tan horrible, por lo que recibirán ustedes las más sinceras gracias del pueblo entero de Motril.

[José Carrascosa Sánchez]

1889,Julio,19.Granada.[183]

La prensa de Granada publica un extenso artículo sobre la discusión en el Congreso del cultivo del tabaco, en donde Díaz Moreu insiste en la necesidad de su cultivo en Motril, Almuñécar, Salobreña.

1889,Agosto,7.03:00.Motril.[184]

Un carro procedente de Granada, que pasaba por una calle de Motril, con dirección a Almuñécar, volcó hiriéndose el brazo una de las mujeres que conducía el vehículo, e hiriéndose otra en la frente.

Ambas fueron curadas por el señor Cabrera.

1889,Octubre,19.tarde.Calahonda.[185]

En aguas de Calahonda, cerca del faro de Sacratif, se divisa una embarcación sospechosa. La escampavía que hace el servicio en aquel puerto se dispuso a salir para su reconocimiento. La que hace el servicio desde Motril a Almuñécar venía en persecución de dicho barco, y al ver que se le escapaba, le hizo varios disparos, que no causaron más daños que el de pasar a balazos la vela, pudiendo conseguir que se entregara, no sin haber arrojado antes al mar una parte considerable de la carga, que se supone era tabaco. El buque fue apresado y conducido a Calahonda, donde se encuentra, y para donde han salido con tal motivo las autoridades militares del resguardo de carabineros y del de Marina.

1889,Noviembre,23.Motril.[186]

Ha volcado el coche que hace el trayecto entre Almuñécar y Motril, habiendo resultado contusos varios viajeros. El motivo ha sido la rotura de una rueda.

1890.Motril.[187]

Nace Francisca Campoy García.

[Contraerá matrimonio con Francisco Pertíñez Ruiz, de Almuñécar].[&]

1890,Abril,15.Motril.[188]

Se verifica la entrega definitiva del trozo cuarto de la carretera de Motril a Almuñécar. El resto sigue parado con el perjuicio que esto supone. El trozo primero, de Motril a Salobreña, aún no se han comenzado las obras.

1890,Abril,18.Almuñécar.[189]

Nace María de los Dolores López de Alcalá y Vallejo.

Hija de Antonio López de Alcalá y Soler, de Almuñécar, y Antonia Vallejo de Machuca, de Motril.[&]

1890,Abril,27.noche.Motril.[190]

Los primeros resultados de la elección de diputado a Cortes por Motril:

Emilio Díaz Moreu:	234 votos en Motril, 72 en Salobreña y 3 en Almuñécar
Servilla Soler:	114 en Almuñécar
José Martínez de Roda:	22 en Motril, 12 en Salobreña.

1890,Mayo,22.Guájar Alto.[191]

La mayoría de los braceros y sus familias se han ido a Motril, Salobreña y Almuñécar, a la zafra.

183 El Defensor de Granada : diario político independiente: Año X Número 3282 - 1889 julio 19 pp.2,3
184 'El Defensor de Granada : diario político independiente' - Año X Número 3303 (09/08/1889),pp.1
185 El Defensor de Granada : diario político independiente Año X Número 3380 - 1889 octubre 22 pp.2
186 'El Defensor de Granada : diario político independiente' - Año X Número 3415 (26/11/1889),pp.2
187 https://www.familysearch.org/ark:/61903/3:1:33SQ-GRR7-N2Y?i=465&wc=7BRG-VNZ%3A391376202%2C1585429701%2C1585449901&cc=2015356 [mayo 2019]
188 'El Defensor de Granada : diario político independiente' - Año XI Número 3548 (10/04/1890),pp.1, 'El Defensor de Granada : diario político independiente' - Año XI Número 3553 (15/04/1890),pp.1
189 https://www.familysearch.org/ark:/61903/3:1:33SQ-GRRN-B1?i=100&wc=7BT1-KP9%3A391376202%2C1585429701%2C1585471803&cc=2015356 [diciembre 2017]
190 'El Defensor de Granada : diario político independiente' - Año XI Número 3566 (28/04/1890),pp.1
191 'El Defensor de Granada : diario político independiente' - Año XI Número 3611 (22/05/1890),pp.1

1890,Mayo,26.Granada.[192]

Ha sido recibida definitivamente el trozo cuarto de la carretera de segundo orden de Málaga a Almería, sección de Motril a Almuñécar.

1890,Agosto,7.Motril.[193]

Se ha incorporado a la Comandancia de Carabineros de Motril, el capitán don Manuel del Rey a quién corresponde prestar servicio en Almuñécar. Dicho señor ha quedado en Motril encargado interinamente de la Comandancia por haber sido trasladado a Sevilla el anterior jefe don Federico de Nicolás.

1890,Septiembre,18.Granada.[194]

Ingresa en el Hospital de San Juan de Dios, José Medina Montilla, natural de Almuñécar, vecino de Motril, de 58 años.

Hijo de José Medina, y Concepción Montilla, de Motril.[&]

1890,Diciembre,30.Granada.[195]

En la calle Nueva de la Virgen, 29, parroquia de las Angustias, residen:
Joaquina Ruiz Rodríguez, de 43 años, de Almuñécar
Josefa Cuenca Fernández, nacida el 8 de septiembre de 1.866, en Almería, soltera.
Isabel Cuenca Fernández, nacida el 7 de noviembre de 1.872, en Motril, soltera.[&]

1891-1895.Granada.[196]

Expediente académico, Universidad de Granada, de Francisco Pérez Almazán, de Almuñécar.

1891,Enero,18.[d].Motril.[197]

El frio se está dejando sentir con intensidad no acostumbrada. Continua el temporal de lluvias y por su abundancia ha contribuido al mal estado en que se encuentran los caminos de Motril a Almuñécar, a Salobreña al Varadero. Sobre todo este último está tan abandonado que son fáciles los vuelcos de carruajes.

1891,Enero,18.[d].Motril.[198]

La compañía dramática del señor Sepúlveda, que ya ha terminado sus compromisos en el Teatro de Motril, se propone ir al de Almuñécar en donde dará algunas funciones.

[Teatro Calderón de la Barca]

1891,Enero,21.[x].Motril.[199]

La prensa local indica que la carretera de Motril a Almuñécar es un desastre. Se subastó por seis años y ya han pasado 18 y queda por hacer más de la mitad.

1891,Mayo,2.Motril.[200]

Si se consigue vencer ciertas dificultades, será pronto un hecho la proyectada línea férrea entre Nerja y Motril, que unirá la zona meridional de la provincia de Málaga con las comarcas del Sur de Granada.

Las hermosas vegas de Nerja, Maro, Almuñécar, Salobreña y Motril, plantadas de caña dulce; los grandes ingenios para la elaboración del azúcar; los viñedos, la industria de Maro, el comercio de Motril, la pesca de la costa, los minerales de cobalto, cobre, plomo, nikel y zinc de Itrabo y de los montes de Otívar, alimentarán el movimiento de esta línea, que empalmará en Motril con la de Almería, y en Nerja con la de Málaga.

1891,Junio,18.Granada.[201]

Se han nombrado los jueces municipales de los distintos distritos.

Partido de Motril:

Motril:	Luis Vinuesa Molina
Almuñécar:	Joaquín Carrasco

192 'El Defensor de Granada : diario político independiente' - Año XI Número 3619 (26/05/1890),pp.1
193 'El Defensor de Granada : diario político independiente' - Año XI Número 3749 (07/08/1890),pp.1
194 https://familysearch.org/ark:/61903/3:1:33S7-9YP6-9ZDJ?i=3&wc=MPTX-GPD%3A350295401&cc=2046761 [noviembre 2015]
195 https://www.familysearch.org/ark:/61903/3:1:33SQ-GR54-YZK?i=22&wc=7BPH-NK8%3A391376202%2C391376203%2C1585436301&cc=2015356 [julio 2018]
196 http://archi.ugr.es:8080/jopac/registro?id=00116307 [julio 2015], ES AUG I 143 PRINCIPAL Caja 00003 / 020
197 'El Defensor de Granada : diario político independiente' - Año XII Número 4032 (20/01/1891),pp.1
198 'El Defensor de Granada : diario político independiente' - Año XII Número 4032 (20/01/1891),pp.1
199 'El Defensor de Granada : diario político independiente' - Año XII Número 4033 (21/01/1891),pp.1-2
200 Época, La (Madrid. 1849). 02/05/1891, n. 13892, página 3., 'El Defensor de Granada : diario político independiente' - Año XII Número 4209 (05/05/1891),pp.2
201 'El Defensor de Granada : diario político independiente' - Año XII Número 4281 (18/06/1891),pp.1

Guájar Alto:	José Bautista Arellano
Guájar Faragüit:	José María Pérez Prados
Guájar Fondón:	José Manciller Ruiz
Gualchos:	Vicente Cabrera Luna
Itrabo:	Vicente González
Jete:	Andrés Díaz Almendros
Lentegi:	Francisco Franco Micas
Lújar:	Antonio Manuel Estévez
Molvízar:	Alejandro Pérez Prados
Otivar:	Antonio Ruiz Alaminos
Salobreña:	Luis Martín Armada
Vélez Benaudalla:	Francisco Peramos Castillo.

1891,Junio,21.Granada.[202]

Han sido nombrados los fiscales municipales de los distintos distritos.

Partido de Motril:

Motril:	Florencio Aizpiolea
Almuñécar:	Genaro Carrasco
Guájar Alto:	Antonio Romero García
Guájar Faragüit:	Juan Alcántara
Guájar Fondón:	Antonio Montes Haro
Gualchos:	Bernardo Puerta
Itrabo:	Rafael Marín Roldán
Jete:	Andrés López Medina
Lentegi:	Antonio Rodríguez Escañuela
Lújar:	Antonio Manuel Estévez
Molvízar:	Mariano Villalobos
Otivar:	Andrés Torres
Salobreña:	Luis Martín Armada
Vélez Benaudalla:	Juan Montero Rivas.

1891,Junio,23.Granada.[203]

En la prensa de Granada se anuncia la Fonda del Mar, de Calahonda, y en los baños de Almuñécar el Restaurant sucursal de la Independencia de Motril.

1891,Junio,25.Granada.[204]

Se anuncia en la prensa granadina la Fonda del Mar, de Calahonda, y el restaurant, sucursal de la Independencia de Motril, ubicado en Almuñécar.

1891,Julio,11.Granada.[205]

En la prensa granadina se anuncia la Fonda del Mar, de Calahonda.

También se anuncia en los baños de Almuñécar un restaurante que es sucursal de La Independencia de Motril.

1891,Julio,22.Motril.[206]

Se celebra en la alcaldía la subasta para la conducción del correo entra la oficina de Motril y la de Almuñécar.

1891,Julio,24.Motril.[207]

Al parecer un arriero que iba para Almuñécar ha caído a un hoyo y se ha ahogado, aunque no se puede confirmar.

1891,Agosto,2.09:00.Motril.[208]

La colonia escolar procedente de Granada continua hacia su destino, Almuñécar.

1891,Agosto,14.Motril.[209]

---

202 'El Defensor de Granada : diario político independiente' - Año XII Número 4287 (21/06/1891),pp.1

203 'El Defensor de Granada : diario político independiente' - Año XII Número 4290 (23/06/1891),pp.2

204 'El Defensor de Granada : diario político independiente' - Año XII Número 4294 (25/06/1891),pp.2

205 'El Defensor de Granada : diario político independiente' - Año XII Número 4322 (11/07/1891),pp.2

206 'El Defensor de Granada : diario político independiente' - Año XII Número 4302 (01/07/1891),pp.1

207 'El Defensor de Granada : diario político independiente' - Año XII Número 4350 (28/07/1891),pp.1

208 'El Defensor de Granada : diario político independiente' - Año XII Número 4363 (05/08/1891),pp.2

209 'El Defensor de Granada : diario político independiente' - Año XII Número 4379 (14/08/1891),pp.2

Se denuncia que cuando el cauce del Guadalfeo va seco, cosa que suele suceder en el verano, se utiliza de tránsito para los pueblos de Lobres, Molvízar, Salobreña, Almuñecar y otros, pero que unos guardas que hay en el tomadero de la acequia de Motril, obligan a los arrieros que por allí pasan a dejar su ruta, ir a Motril, a la Administración y pagar dos reales por el acompañado. Después vuelven al mismo punto y pierden con ello entre cuatro y cinco horas.

1891,Octubre,3.Almuñécar.[210]

La fuerza del puesto de Almuñécar ha detenido a un individuo llamado Francisco Espejo Jerónimo, el cual estaba reclamada por el juez de Motril.

1891,Noviembre,13.Motril.[211]

Los misioneros, P. Tarín y Ortega, marchan a Almuñécar.

[Francisco Tarín Arnau]

1891,Noviembre,16.Motril.[212]

Los reverendos padres Tarín y Ortega han tenido gran éxito en su misión en Motril. Ahora se encuentran en Almuñécar.

[Francisco Tarín Arnau]

1891,Diciembre,1.Granada.[213]

El arzobispo de Granada ha regresado de su visita pastoral a Motril y Almuñécar.

1892,Enero,21.Motril.[214]

Ha llegado a Motril, saliendo en breve para Almuñécar, el ingeniero de Caminos D. Nicolás Orbe.

También ha estado algunos días en Motril, de paso para su magnífica posesión de Cázulas, Francisco Bermúdez de Castro y Montes.

[Nicolás Orbe y Asencio]

1892,Febrero,5.Motril.[215]

Procedentes de Granada y de camino para Almuñécar, son esperados en Motril el ingeniero jefe de la provincia y el señor Orbes, también ingeniero, que van a Almuñécar para ver varios trozos de la carretera de la costa.

[Nicolás Orbe y Asencio]

1892,Febrero,25.12:00.Motril.[216]

Termina el plazo de presentación de propuestas de propietarios que quieran ceder sus edificios para la Casa Cuartel de la Guardia Civil de Almuñécar. Las propuestas se presentan en la comandancia de Motril.

1892,Marzo,22.Granada.[217]

La Comisión de Socorros, encargada de arbitrar recursos con que aliviar los estragos producidos por las inundaciones en Motril, Salobreña y Almuñécar, continúa trabajando con gran actividad, habiendo aumentado la lista de donativos con los siguientes:

Cayetano Gallardo	25 pesetas
Abelardo Martínez Contreras	10
Jerónimo Blanco Reglado	5
Emilio Zurita Méndez	5
José Cañas	2,50
Cruz Muller	100
José Gómez López	10
Colecta en la parroquia San Justo	29,22

1892,Abril,3.Granada.[218]

En el Teatro Principal la velada está dedicada a las inundaciones de Motril, Salobreña y Almuñécar.

---

210 'El Popular : Diario granadino de la tarde' - Epoca Tercera Año V Número 1332 (03/10/1891),pp.1

211 'El Defensor de Granada : diario político independiente' - Año XII Número 4543 (18/11/1891),pp.1

212 'El Popular : Diario granadino de la tarde' - Epoca Tercera Año V Número 1369 (16/11/1891),pp.2

213 'El Defensor de Granada : diario político independiente' - Año XII Número 4566 (01/12/1891),pp.1

214 'El Defensor de Granada : diario político independiente' - Año XIII Número 4649 (21/01/1892),pp.3

215 'El Defensor de Granada : diario político independiente' - Año XIII Número 4678 (07/02/1892),pp.1

216 'El Popular : Diario granadino de la tarde' - Epoca TERCERA Año VI Número 1450 (20/02/1892),pp.2

217 El Defensor de Granada : diario político independiente: Año XIII Número 4751 - 1892 marzo 22 pp.2

218 'El Popular : Diario granadino de la tarde' - Epoca TERCERA Año VI Número 1483 (30/03/1892),pp.2

1892,Abril,11.Granada.[219]

Los señores Antonio Díaz Domínguez, Aguilera y Vilaseca han finalizado su ruta, entregando las cantidades recaudadas mediante actas a las Juntas Locales nombradas en Motril, Salobreña y Almuñécar.

1892,Abril,13.Costa.[220]

En la zona de la Costa, la persistencia de las lluvias ha arruinado por completo a los labradores. Aparte de la pérdida de la caña en Motril, Salobreña y Almuñécar, hay que lamentar en aquella ciudad y en Calahonda otra pérdida, más sensible este año que hubiera sido en otros; nos referimos a la cosecha de tomates que conceptuaban los labradores como último recurso que las indemnizara en parte de la ruina de la caña; las lluvias torrenciales que ha sufrido aquella región durante muchos días, han destruido también esta cosecha.

Las sementeras de cereales han sufrido considerables daños en la Costa, habiendo sido los términos más perjudicados, los de Motril, Calahonda, Albuñol, Guájar Faragüit y Molvízar. Además, en Albuñol hay que lamentar la pérdida total de la cosecha de almendra, debida a los fuertes vientos del mes de marzo, que arrancaron toda la flor.

La clase obrera sufre la misma situación que la de la Alpujarra, siendo terrible la crisis que la falta de trabajo ocasiona.

1892,Julio,12.Salobreña.[221]

El camino de Motril a Almuñécar está en tan deplorable estado que un coche que iba hacia Motril, a la altura de la torre del Cambón, en donde está proyectado colocar un puente, la mula delantera ha quedado colgando, aunque la pericia de los conductores han evitado desgracias.

1892,Agosto,8.04:00.Motril.[222]

Desde Granada llegan los niños que van de colonias camino de Almuñécar.

Son recibidos en Motril por el representante de la Sociedad de Colonias en Motril, Antonio Vicente Pastor Caracuel y por Eduardo Cazorla, director del Colegio Politécnico, cuyos señores obsequiaron con chocolate a los niños.

[Eduardo Cazorla Trujillo]

1892,Diciembre,15.Cáñar.[223]

La falta de trabajo, de la ruina que produce la invasión filoxérica y del malestar que se experimenta por la excesiva escasez de frutos, infinidad de familias arruinadas huyen, dirigiéndose unos a Córdoba para la recolección de la aceituna y a la labor de los olivos, otros emigran a Orán y otros a Motril, Salobreña y Almuñécar, con objeto de ganar un mísero jornal en la monda de caña.

1893.Granada.[224]

Nace Emilia Jiménez Castillo.

Hija de Antonio María Jiménez Beteta, de Motril, con Francisca Castillo Rodrigo, de Almuñécar.[&]

1893,Febrero,2.Motril.[225]

El Juzgado de Motril cita a Francisco Martín Fernández, vecino de Almuñécar, en causa que instruye contra el mismo por violación.

1893,Marzo,17.Motril.[226]

Las autoridades militares de Motril citan y emplazan a Francisco Campos Ruiz, soldado del cupo de Almuñécar que faltó a la reconcentración de embarque a Ultramar.

1893,Marzo,19.Motril.[227]

La autoridad militar de Motril citan y emplazan al soldado del cupo de Almuñécar, Francisco Campos, que faltó al embarque a Ultramar.

1893,Marzo,23.[228]

---

219 'El Popular : Diario granadino de la tarde' - Epoca TERCERA Año VI Número 1493 (11/04/1892),pp.2, 'El Defensor de Granada : diario politico independiente' - Año XIII Número 4786 (12/04/1892),pp.1

220 El Defensor de Granada : diario político independiente: Año XIII Número 4788 - 1892 abril 13 pp.1

221 El Defensor de Granada : diario político independiente Año XIII Número 4942 - 1892 julio 16 pp.2

222 'El Defensor de Granada : diario político independiente' - Año XIII Número 4984 (10/08/1892),pp.3

223 El Defensor de Granada : diario político independiente Año XIII Número 5894 - 1892 diciembre 15 pp.1

224 https://familysearch.org/ark:/61903/3:1:33S7-9R5H-3J3?mode=g&i=857&wc=QPYV-7FR%3A391376202%2C1585429901%2C1585431001&cc=2015356 [marzo 2017], https://familysearch.org/ark:/61903/1:1:XP2Z-VTY [marzo 2017]

225 'El Popular : Diario granadino de la tarde' - Epoca Cuarta Año VII Número 1746 (02/02/1893), pp.2

226 'El Popular : Diario granadino de la tarde' - Epoca Cuarta Año VII Número 1783 (17/03/1893),pp.2

227 'El pueblo : Periódico republicano' - Año III Número 197 (19/03/1893),pp.3

Una real orden regula las nuevas zonas fiscales de vigilancia aduanera.

El partido judicial de Motril comprende:

Lentegí,
Otívar,
Jete,
Ítrabo,
Molvízar,
Almuñécar,
Guájar Alto,
Guájar Faragüit,
Guájar Fondón,
Zújar <sic>, [Lújar]
Gualchos,
Vélez Benaudalla y
Salobreña.

1893,Abril,21.Motril.[229]

De orden del Tribunal Superior y para que declare en causa contra José Ortega, por estafa, cita por medio de cédula el Juzgado de Motril a Mr. Malcon M. Lellan, representante de la casa The Plutón Misiing, de Inglaterra, y residente en Almuñécar.

1893,Abril,23.Motril.[230]

El partido judicial de Motril está compuesto por:

Lenteji
Otívar
Jete
Itrabo
Molvízar
Almuñécar
Guájar Alto
Guájar Faragüit
Guájar Fondón
Motril
Zújar [Lújar]
Gualchos
Vélez de Benaudalla
Salobreña.

1893,Abril,24.Adra.Almería.[231]

El sindicato de labradores de Adra ha nombrado una comisión para visitar a Motril, Salobreña y Almuñécar y estudiar el porqué en Motril se paga a 60 céntimos en el bancal y en Adra a 50.

1893,Junio,13.Granada.[232]

Se ha efectuado la renovación de jueces municipales para el bienio 1.893 a 95, por el distrito de Motril:

Motril	Francisco Ravassa Muñoz
Almuñécar	Rafael Valverde Márquez
Guájar Alto	José B. Arellano
Guájar Faragüit	Antonio Marín Mendoza
Guájar Fondón	José Mancilla Díaz
Gualchos	Miguel Cabrera Luna
Itrabo	Vicente González
Jete	Andrés Díaz Almendros
Lentejí	Francisco Franco Micas
Lújar	Antonio Molero Navarrete
Molvízar	Marino Villalobos
Otívar	José Ruiz Arcas
Salobreña	Luis Martín
Vélez de Benaudalla	Francisco Perámos Castillo.

1893,Julio,29.Almuñécar.[233]

---

228 'El Popular : Diario granadino de la tarde' - Epoca Cuarta Año VII Número 1805 (13/04/1893),pp.2
229 El Defensor de Granada : diario político independiente Año XIV Número 6100 - 1893 abril 21 pp.1
230 El Defensor de Granada : diario político independiente Año XIV Número 6106 - 1893 abril 23 pp.2
231 'El Popular : Diario granadino de la tarde' - Epoca Cuarta Año VII Número 1814 (24/04/1893),pp.2
232 El Defensor de Granada : diario político independiente: Año XIV Número 6188 - 1893 junio 13 pp.1

Con motivo de la época de baños se está llenando Almuñécar de gente procedente de Granada, Motril y otros pueblos cercanos, prefiriendo aquellas playas a las de Salobreña, Calahonda, el Baradero y otras, dada sus inmejorables condiciones y las comodidades que ofrece.
[Varadero]

1893,Agosto,3.Motril.[234]
En Motril se ha obsequiado a la colonia escolar con un espléndido chocolate a los niños que forman parte de la colonia escolar que va desde Granada a Almuñécar.

1893,Agosto,18.Motril.[235]
El distrito de Motril debe en atención carcelarias, desde 1.885, las siguientes cantidades:
Almuñécar: 2.814,92 pesetas
Guájar Alto: 349,19
Faragüit: 680,11
Gualchos: 2.193,54
Itrabo: 263,23
Lentegí: 484,40
Otívar: 1,75
Salobreña: 1.202,36

1893,Agosto,18.Almuñécar.[236]
Se encuentran disfrutando de la temporada de baños muchas familias de Granada y Motril.

1893,Diciembre,22.Almería.[237]
En la calle Cádiz, 35, residen:
Manuel Ortuño Rodríguez, de 49 años, de Alicante, alférez de navío, casado
María Gómez Ruiz, de 40 años, de Almería
Vicenta Ortuño Gómez, de 18 años, de Almería
Luis Ortuño Gómez, de 7 años, de Bilbao
Teresa Ortuño Gómez, de 5 años, de Almuñécar.[&]

1894.Granada.[238]
Nace Josefa Martín Funes.
Hija de José Martín Pérez, de Almuñécar, y Josefa Funes Aragón, de Motril.[&]

1894,Enero,9.Motril.[239]
Han sido nombrados los Jurados del distrito de Motril.
Cabezas de familia:
Joaquín Callejón Guerrero
Francisco Castillo García
Francisco Fernández Fernández, todos de Almuñécar.
Francisco Puertas Murillo
Antonio Jiménez Muñoz
Francisco Rivas Jiménez
Juan Lupíañez Alcalde
José Melero Hernández, todos de Gualchos.
Plácido Fernández Moreno, de Jete
Miguel Gutiérrez López, de Lújar
Antonio Castellano López
Francisco Campos Cervilla
Miguel Alonso Campos
Luis Rivera Blanco
Juan J. López Escanes [Juan J. López Escámez]
Emilio García Carmona
José Bideras Bueno
José Rojas Yesares
Antonio Castel Peral, todos de Motril.
Capacidades:
Juan Montero Aranda

233 'El Popular : Diario granadino de la tarde' - Epoca Cuarta Año VII Número 1895 (29/07/1893),pp.2
234 'El Defensor de Granada : diario político independiente' - Año XIV Número 6276 (03/08/1893),pp.2
235 'El Popular : Diario granadino de la tarde' - Epoca Cuarta Año VII Número 1912 (18/08/1893),pp.2
236 'El Defensor de Granada : diario político independiente' - Año XIV Número 6300 (18/08/1893),pp.1
237 https://www.familysearch.org/ark:/61903/3:1:939N-J54Q-W?i=144&cc=2015319 [mayo 2018]
238 https://www.familysearch.org/ark:/61903/3:1:33S7-9RRQ-6N?i=144&wc=7BRG-VFQ%3A391376202%2C1585430301%2C1585446501&cc=2015356 [diciembre 2018]
239 ''El Popular : Diario granadino de la tarde' - Epoca Cuarta Año VIII Número 2055 (09/01/1894),pp.2

José Oliva Fernández
Manuel Romera del Castillo, todos de Almuñécar
Antonio Gallego Estévez
Nicolás Rodríguez Lorenzo, de Lújar
José Hernández Gudo
Juan Viñás Galloló
Francisco Carmona Díaz
Francisco Pérez Rios
Juan Martínez del Castillo
Antonio Martín Vizcaíno
Antonio Trujillo Carmona
Gaspar Esteva Barbero [Gaspar Esteva Ravassa]
José Pérez Rios
Joaquín Góngora Peña
Antonio Díaz Pozas, todos de Motril.

1894,Febrero,27.Granada.[240]

En el taller de los Sres. García e hijos ha terminado la construcción de la magnífica lápida que se ha de instalar en el Hospital de Almuñécar.

Dicha lápida lleva la siguiente inscripción:

"*Hospital de San Sebastián: El ilustre ayuntamiento de esta M.N. y L. Ciudad, acordó la reconstrucción de esta benéfica casa en 23 de Octubre de 1.893, y la terminó el año 1.894, siendo alcalde presidente don José Romera del Castillo.*

Contribuyó a estas obras el excelentísimo señor don José Martínez de Roda, hijo adoptivo de esta población."

1894,Marzo,1.Almuñécar.[241]

El diputado a Cortes por Motril, José Martínez de Roda, ha dado un fuerte donativo para arreglar el hospital de San Sebastián que desde el año 1.885 se encontraba en estado ruinoso.

1894,Abril,2.Almuñécar.[242]

El Ayuntamiento de Almuñécar acordó por unanimidad declarar hijo adoptivo de la ciudad al diputado electo del distrito de Motril, José Martínez de Roda, en pago de los beneficios que este señor ha dispensado a la población, entre ellos el haber costeado las importantes obras de reparación del hospital de San Sebastián. Así mismo han decidido poner el nombre del ilustre motrileño a una calle.

1894,Abril,21.Motril.[243]

El dinero que corresponde a los maestros del partido de Motril es:

Motril: 4.844,22 pesetas
Almuñécar: 1.243,79
Guajar Alto: 28,02
Guajar Faragüit: 131,52
Guajar Fondón: 52,91
Gualchos: 55,69
Itrabo: 109,25
Jete: 68,22
Lentegí: 9,36
Lújar: 3,27
Molvízar: 135,15
Otívar: 117,54
Salobreña: 1.108,44
Vélez Benaudalla 476,17

1894,Mayo,9.Granada.[244]

Han sido elegidos los jurados de Motril para el actual cuatrimestre.

Cabezas de familia:

De Gualchos: Antonio Alvarez López
De Itrabo: Francisco Jiménez Bustos
De Lújar: José Melero Porras, y Juan Gallegos Moreno.

De Motril:

Emilio Granés Carmona

---

240 El Popular : Diario granadino de la tarde' - Epoca Cuarta Año VIII Número 2097 (27/02/1894),pp.2
241 'El pueblo : Periódico republicano' - Año IV Número 292 (01/03/1894),pp.3, El Popular : Diario granadino de la tarde' - Epoca Cuarta Año VIII Número 2099 (01/03/1894,pp.1
242 'El Popular : Diario granadino de la tarde' - Epoca Cuarta Año VIII Número 2137 (17/04/1894),pp.2
243 'El Defensor de Granada : diario político independiente' - Año XV Número 6726 (21/04/1894),pp.1
244 El Defensor de Granada : diario político independiente: Año XV Número 6754 - 1894 mayo 9 pp.2

Antonio José Jménez Velásquez
Antonio Castellano López
Antonio González Pérez
Antonio Duzmán Córdoba
Antonio Megías Hernández
Antonio Herrador Montes
Antonio Castel Peral
Eduardo Ramírez Acosta
Francisco Campoy Cervilla
Francisco López Dueñas
Francisco Barranco Pérez
Francisco Jiménez Jiménez

De Vélez de Benaudalla:

Francisco Correa Martín
Francisco Delgado García
De Salobreña: Fernando Moreno Tarifa

Capacidades:

De Almuñécar: José Oliva Fernández
Manuel Romera del Castillo

De Motril:

Alonso Moreno Garga
Antonio Trujillo Carmona
Antonio Díaz de Losada
Antonio Martín Vizcaino
Antonio Pontes Martín
Antonio Díaz Pozas
Antonio Pastor Caracuel
Francisco Pérez Rios
Francisco Pérez Santiago
Francisco García Ruiz
Francisco Carmona Díaz
Francisco de la Torre Marín.

De Vélez de Benaudalla:

José Rodríguez Jiménez
José Panera Salas

1894,Mayo,30.Granada.[245]

Se designan a los interventores que participaran en la elección parcial de un diputado a Cortes por Motril. En Motril hay siete secciones, tres en Almuñécar, dos de Salobreña y dos de Vélez de Benaudalla.

1894,Mayo,31.Granada.[246]

La Junta Provincial del Censo ha designado para que concurran a la Junta de Escrutinio a los interventores que se nombren en las secciones siguientes: las siete de Motril, las tres de Almuñécar, las dos de Salobreña y las dos de Vélez de Benaudalla.

1894,Julio,2.Almuñécar.[247]

El ayuntamiento ha acordado nombrar hijo adoptivo a José Martínez de Roda. Por su apoyo a las obras del hospital se acuerda que esta calle, la del Hospital, se llame "*Martínez Roda*", así como que se ponga una placa en el Hospital.

1894,Julio,17.Granada.[248]

La Comisión Provincial ha acordado que se anuncie a subasta el servicio de bagajes de la provincia para el actual año económico, bajo el tipo de 29.117,81 pesetas.

Los puntos de etapa o cantones son: Granada, Ventas de Huelma, Láchar, Pinos Puente, Alhama, Motril, Iznalloz, Baza, Cúllar Baza, Guadix, Gor, Diezma, Huétor Santillán, Loja, Béznar, Pedro Martínez, Almuñécar, Santafé, Albuñol, Padul, Cádiar y Torvizcón.

1894,Agosto,4.Granada.[249]

245 ''El Popular : Diario granadino de la tarde' - Epoca Cuarta Año VIII Número 2173 (30/05/1894),pp.2
246 'El pueblo : Periódico republicano' - Año IV Número 316 (31/05/1894),pp.3
247 ''El Popular : Diario granadino de la tarde' - Epoca Cuarta Año VIII Número 2204 (05/07/1894),pp.2
248 ''El Popular : Diario granadino de la tarde' - Epoca Cuarta Año VIII Número 2214 (17/07/1894),pp.2
249 ''El Popular : Diario granadino de la tarde' - Epoca Cuarta Año VIII Número 2230 (04/08/1894),pp.2

La prensa de Granada se hace eco de una carta de Emilio Díaz Moreu, diputado a Cortes por Motril, al gobernador de Granada en donde el primero quiere quitar, con fines electorales dos ayuntamientos del distrito de Motril, el de Vélez de Benaudalla y el de Almuñécar.

1894,Octubre,4.[250]

Con arreglo a la nueva división del litoral, queda suprimido el distrito de Fuengirola, restablecido el de Marbella, y pasa a refundirse en los de Motril y Vélez Málaga el también suprimido distrito de Almuñécar.

1894,Noviembre,17.Almuñécar.[251]

Han contraido matrimonio el distinguido paisano y contador de la Sociedad belga de Zincs de Almuñécar, D. Francisco del Saz con la bella señorita Doña Amalia Sánchez Conesa.

La ceremonia se celebró en casa de los padres de la desposada, concurriendo muchas personas distinguidas que fueron obsequiadas con un expléndido refresco.

Los recién casados salieron para Motril, donde pasaran la luna de miel.

[Francisco del Saz Abaijón]

1894,Diciembre,30.Granada.[252]

El gobernador, señor Polanco, ha suspendido a dos ayuntamientos, el de Vélez de Benaudalla y Almuñécar, "*alentando de este modo la política de pandillaje que en Motril siguen los Díaz y los Moreu*", indica "El Pueblo" de Granada.

1894,Diciembre,31.Granada.[253]

En la calle Hornos del Agua, 8, parroquia de las Angustias, residen:
Francisco Pérez Domínguez, de 38 años, de Almuñécar, del campo, casado con
Encarnación Marfil, de 39 años, de Orgiva
Francisco Pérez Marfil, de 11 años, de Motril.[&]

1895.Granada.[254]

Nace Dolores Jiménez Castillo.
Hija de Antonio María Jiménez Beteta, de Motril, y Francisca Castillo Rodrigo, de Almuñécar.[&]

1895,Enero,12.Motril.[255]

Los jurados del distrito de Motril elegios en el actual cuatrimestre son:

Cabezas de familia:

Juan López Ledesma
Manuel Mateo Navarro, de Almuñécar
Justo Banqueri Martín (Gualchos)
Juan Álvarez Ortega, de Gualchos
Manuel Mercado Heredia, de Itrabo
Francisco Herrera Rodríguez, de Jete
Manuel García Posadas
Claudio Murillo Oliveros
José Ortega López
José Correal Pérez
Félix Rodríguez Fernández
Julio Cuevas Jiménez
Antonio Guzmán Córdoba
Pedro Aule García
Antonio Terrón Cortés, de Motril.
José Venegas Prados, de Molvízar
Antonio Alonso Robles, Molvízar
Francisco Linares Maldonado
José Escobosa Delgado
José Cames Delgado, de Vélez de Benaudalla

Capacidades:

Vicente Sánchez Pérez
Rafael Fernández López, de Almuñécar
Antonio Alonso Moreno

250 ''El Popular : Diario granadino de la tarde' - Epoca Cuarta Año VIII Número 2277 (04/10/1894),pp.2
251 El Defensor de Granada : diario político independiente: Año XV Número 7093 - 1894 noviembre 27 pp.2, https://www.familysearch.org/ark:/61903/1:1:XPGP-PQ5 [agosto 2018]
252 'El pueblo : Periódico republicano' - Año IV Número 376 (30/12/1894),pp.2
253 https://familysearch.org/ark:/61903/3:1:33S7-9RR7-BGH?i=69&wc=7BRG-VVN%3A391376202%2C1585438701%2C1585450903&cc=2015356 [abril 2017]
254 https://familysearch.org/ark:/61903/3:1:33S7-9R5H-3J3?mode=g&i=857&wc=QPYV-7FR%3A391376202%2C1585429901%2C1585431001&cc=2015356 [marzo 2017], https://familysearch.org/ark:/61903/1:1:XP2Z-VTY [marzo 2017]
255 'El Popular : Diario granadino de la tarde' - Epoca Cuarta Año IX Número 2362 (12/01/1895),pp.2

Ángel Rodríguez Fernández, de Lújar
José Alonso Ramos
Antonio Trujillo Carmona
Antonio Hernández Velasco
Emilio Herranz Sánchez
Francisco Pérez Salamora
Enrique García Ortega
Plácido Jiménez Ruiz
Gerardo Ruiz Morales, de Motril
Ramón Peramos
Francisco Peramos Illescas
Antonio Montero Padial, de Vélez de Benaudalla

Suplentes:
José Beltrán Parejo
Miguel Ladrón de Guevara
Antonio Ibáñez Fuentes
Pablo Cañadas García
Tomás Yévenes
Bernardo Castillo González.

1895,Febrero,10.Almuñécar.[256]

Han contraido matrimonio Antonio Terrón, con María Tenorio. Han acudido algunas personas de Motril.[&]

[Antonio Terrón Castillo, María Dolores Tenorio Peral].
[Antonio Terrón Castillo fallece el 28 de septiembre de 1.932].

1895,Abril,16.Granada.[257]

Al concurso de escuelas públicas, para las elementales de Loja, Guadix, Motril, Almuñécar y Cúllar Baza, a la de párvulos de Guadix y Montefrío, 311 solicitudes.

1895,Julio,10.Granada.[258]

Se publica un artículo sobre la costa de Granada y los hoteles en Calahonda y Almuñécar.

1895,Julio,25.Granada.[259]

En la prensa de Granada se anuncia la fonda la Independencia, de Almuñécar, sucursal de la que tiene en Motril Victoriano Fuentes Marijuan.

1895,Julio,26.Granada.[260]

Se anuncia la nueva fonda La Independencia, de Almuñécar, del mismo nombre que la gestionada en Motril por Victoriano Fuentes Marijuan.

1895,Agosto,2.Motril.[261]

La colonia escolar, de paso hacia Almuñécar, ha sido obsequiada en Motril con chocolate por parte de los señores Cazorla, director del colegio politécnico, Vicente Pastor Caracuel, del comercio, y otros.

1895,Diciembre,21.Granada.[262]

En la calle Concepción, 40, parroquia de Santa Escolástica, residen:
Dolores Martín Ruiz, de 45 años, de Almuñécar, viuda, 11 años en Granada.
Cándida García Martín, de 23 años, de Motril
Teresa García Martín, de 18 años, de Motril
Francisca García Martín, de 16 años, de Motril
Antonio García Martín, de 5 meses, de Granada.[&]

1895,Diciembre,23.Almuñécar.[263]

Nace Francisco López de Alcalá y Vallejo.

---

256 'El Defensor de Granada : diario político independiente' - Año XVI Número 7201 (10/02/1895),pp.1, https://familysearch.org/pal:/MM9.1.1/XPKD-7X8 [julio 2012], http://sp.ideal.es/municipios/hemeroteca/paginas/motril/1932/19320929-009.PDF- Ideal (Granada) 29.09.1932, pp.9

257 El Popular : Diario granadino de la tarde Epoca Cuarta Año IX Número 2441 - 1895 abril 16 pp.2, La publicidad : diario de avisos noticias y telegramas. Eco fiel de la opinión y verdadero defensor de los intereses morales y materiales de Granada y su provincia Año XIII Número 3240 - 1895 abril 17 pp.2

258 El Defensor de Granada : diario político independiente Año XVI Número 7870 - 1895 julio 10 pp.1

259 El Defensor de Granada : diario político independiente Año XVI Número 7892 - 1895 julio 24 pp.3

260 El Defensor de Granada : diario político independiente Año XVI Número 7895 - 1895 julio 26 pp.3

261 El Defensor de Granada : diario político independiente Año XVI Número 7907 - 1895 agosto 3 pp.3

262 https://www.familysearch.org/ark:/61903/3:1:33SQ-GRRH-B4Z?i=478&wc=7BRG-V12%3A391376202%2C1585431301%2C1585458601&cc=2015356 [mayo 2018]

263 https://www.familysearch.org/ark:/61903/3:1:33SQ-GRRN-B1?i=100&wc=7BT1-KP9%3A391376202%2C1585429701%2C1585471803&cc=2015356 [diciembre 2017]

Hijo de Antonio López de Alcalá y Soler, de Almuñécar, y Antonia Vallejo de Machuca, de Motril.[&]

1896,Febrero,13.Motril.[264]
Ha salido para Almuñécar el señor Almazán, cura de Almuñécar.

1896,Febrero,20.Motril.[265]
Para la elección del diputado por Motril se han elegido los miembros de la Junta de Escrutinio, ocho de Motril, cinco de Almuñécar, dos de Salobreña y uno por la sección primera de Vélez de Benaudalla.

1896,Marzo,13.Motril.[266]
El Juzgado de Motril reclama a José Puyol, vecino de Almuñécar y soldado del actual reemplazo.

1896,Abril,1.Almuñécar.[267]
Nace Francisca Cano Ortiz.

1896,Mayo,20.Motril.[268]
D. Luis Lozano Rodríguez, Juez de instrucción de esta ciudad y su partido.
Por la presente requisitoria se cita, llama y emplaza a Francisco Guerrero Rodríguez, natural y vecino de Almuñécar, hijo de Juan y de Ana, soltero, jornalero, de veintiseis años de edad, para que en término de veinte días, contados desde la publicación de la presente en la Gaceta de Madrid, comparezca ante la Sección primera de la Audiencia provincial de Granada a responder de los cargos que le resulten en la causa que en su contra se instruye sobre disparo y lesiones; bajo apercibimiento que de no hacerlo será declarado rebelde y le parará al perjuicio que haya lugar.
Dada en Motril a 20 de Mayo de 1.896.
Luis Lozano
Por su mandado, Manuel de Robles.
J-3.901.[&]

1896,Julio,1.Granada.[269]
En la prensa de Granada se anuncian la Fonda "La Independencia" de Victoriano Fuentes Marijuan, en Motril y Almuñécar, así como la Fonda del Mar, en Calahonda, de Francisco López Jiménez.

1896,Agosto,2.Granada.[270]
El martes o miércoles próximo, marchará a Motril el Sr. Gobernador, don Filiberto Abelardo Díaz, a donde le llevan asuntos relacionados con cierta cuestión de aguas del Guadalfeo.
Desde la ciudad de los cañales pasará a Almuñécar el Sr. Díaz, con el fin de disponer en aquel balneario hospedaje para su distinguida señora e hijo.[&]

1896,Agosto,4.tarde. Granada.[271]
En el coche de Motril han salido, para Almuñécar, la distinguida familia de don Fernando Contreras y Pérez de Herrasti.[&]

1896,Agosto,5. Motril.[272]
La afluencia de forasteros este verano es muy escasa no sólo en Motril sino en los cercanos pueblos de la costa, Almuñécar, Torrenueva, Castell de Ferro y Calahonda.

1896,Agosto,6.09:30. Almuñécar.[273]
Acaba de llegar el gobernador acompañado del alcalde de Motril y otras personas. Han salido a recibirles las autoridades eclesiásticas, civiles y militares de Almuñécar.

1896,Agosto,7.Motril.[274]

264 'El Defensor de Granada : diario político independiente' - Año XVII Número 8099 (13/02/1896),pp.1
265 'El Popular : Diario granadino de la tarde' - Epoca Cuarta Año X Número 2700 (20/02/1896),pp.2
266 'El Popular : Diario granadino de la tarde' - Epoca Cuarta Año X Número 2719 (13/03/1896),pp.2
267 https://www.familysearch.org/ark:/61903/3:1:33SQ-GRRQ-TBT?i=157&wc=7BRG-VDK%3A391376202%2C1585433001%2C1585433904&cc=2015356 [noviembre 2017]
268 Gaceta de Madrid núm. 151, de 30/05/1896, páginas 645, http://www.boe.es/datos/pdfs/BOE//1896/151/A00641-00645.pdf [junio 2018]
269 El Defensor de Granada : diario político independiente Año XVII Número 9176 - 1896 julio 1 pp.4
270 La publicidad : diario de avisos noticias y telegramas. Eco fiel de la opinión y verdadero defensor de los intereses morales y materiales de Granada y su provincia: Año XIV Número 3694 - 1896 agosto 2, pp.2
271 La publicidad : diario de avisos noticias y telegramas. Eco fiel de la opinión y verdadero defensor de los intereses morales y materiales de Granada y su provincia: Año XIV Número 3697 - 1896 agosto 5 pp.2
272 El Defensor de Granada : diario político independiente Año XVII Número 9222 - 1896 agosto 5 pp.2
273 El Defensor de Granada : diario político independiente Año XVII Número 9224 - 1896 agosto 6 pp.2
274 El Defensor de Granada : diario político independiente Año XVII Número 9226 - 1896 agosto 7 pp.2

Se ha recibido con entusiasmo a la colonia escolar que va desde Granada hacia Almuñécar.

En el parador de San Antonio estaban esperando a la colonia, a más de infinito gentío, los señores:

Eduardo Cazorla	[Eduardo Cazorla Trujillo]
Antonio Pérez Santiago	
Clemente Liñán	[Clemente Liñán Pérez]
José Palma Valero, presbítero	
Luis Jiménez	
Manuel Ortega,	[Manuel Ortega Herrera]

y una comisión del ayuntamiento compuesta del síndico Francisco Ortega Herrera, Leandro Fernández Osuna y del alcalde presidente, Luis Vinuesa Molina, el cual, en nombre del ayuntamiento, invitó a los colonos a un chocolate con buñuelos y dulces en abundancia.

1896,Agosto,9.Motril.[275]

En su visita a Motril, el gobernador se ha hospedado en la casa del diputado por el distrito, Jiménez Caballero, en donde fue obsequiado con una serenata por la banda municipal.

El gobernador ha desistido de su expedición a Calahonda y ha marchado a Almuñécar.

1896,Agosto,17.Motril.[276]

Está prevista la llegada del gobernador de Granada, desde Almuñécar, en donde está de vacaciones.

1896,Agosto,25.Granada.[277]

Ha regresado de su excursión a Almuñécar, Lanjarón y Calahonda, el laureado artista granadino Manuel Ruiz Guerrero, que se propone pasar algunos días entre sus paisanos para pintar la misma luz que estudiara en los comienzos de su artística carrera.

1896,Septiembre,4.Motril.[278]

El juez de instrucción de Motril reclama a José Calvente Marín, de Almuñécar.

1896,Octubre,11.Motril.[279]

El Juez de Instrucción de Motril, ha dictado auto de procesamiento y suspensión del cargo, contra el alcalde de Almuñécar, don José Romera del Castillo, en la causa que le instruye sobre disparo de arma de fuego a don José Novel. Este hecho ocurrió hace pocos días, y ha producido mucho escándalo.

1896,Octubre,13.Granada.[280]

Procedente de Motril han llegado
Ricardo Rojas.
Nicolás del Real, secretario del Ayuntamiento de Motril
José Romera del Castillo, alcalde de Almuñécar
Francisco Pérez Santiago
José del Alamo
Federico Pérez Vargas
José Uribe.
Mariano Cuevas.

1896,Noviembre,11.Motril.[281]

Ha tomado posesión de la Ayudantía de Marina, el pundonoroso oficial de la Armada, Sr. Ortuño, que hace algún tiempo residió en Almuñécar.

[Manuel Ortuño Rodríguez]

1896,Diciembre,4.Motril.[282]

---

275 El Defensor de Granada : diario político independiente Año XVII Número 9228 - 1896 agosto 9 pp.1

276 El Defensor de Granada : diario político independiente Año XVII Número 9230 - 1896 agosto 11 pp.2

277 El Defensor de Granada : diario político independiente Año XVII Número 9249 - 1896 agosto 25 pp.2

278 El Defensor de Granada : diario político independiente Año XVII Número 9263 - 1896 septiembre 4 pp.2

279 La publicidad : diario de avisos noticias y telegramas. Eco fiel de la opinión y verdadero defensor de los intereses morales y materiales de Granada y su provincia: Año XIV Número 3763 - 1896 octubre 11 pp.1

280 El Defensor de Granada : diario político independiente Año XVII Número 9315 - 1896 octubre 13 pp.2, La publicidad : diario de avisos noticias y telegramas. Eco fiel de la opinión y verdadero defensor de los intereses morales y materiales de Granada y su provincia: Año XIV Número 3765 - 1896 octubre 13 pp.1

281 El Defensor de Granada : diario político independiente Año XVII Número 9346 - 1896 noviembre 11 pp.2

282 El Defensor de Granada : diario político independiente Año XVII Número 9375 - 1896 diciembre 6 pp.2, La publicidad : diario de avisos noticias y telegramas. Eco fiel de la opinión y verdadero defensor de los intereses morales y materiales de Granada y su provincia Año XIV Número 3820 - 1896 diciembre 7 pp.1

Ha fallecido en Motril, a donde había ido a pasar una temporada con sus hijos los señores de Díaz, la distinguida señora Carmen Marín y Marín, viuda de Gómez.

El cadáver será trasladado a Almuñécar en donde será enterrado.[&]

1897.Motril.[283]

Nace Soledad Gómez Pérez.

Hija de Antonio Gómez Bravo, de Motril, y Josefa Pérez Castillo, de Almuñécar.[&]

1897,Enero,7.Motril.[284]

Francisco Gómez Rodríguez, natural de Motril, nacido en 1.837.

Hijo de Antonio Gómez, y Manuela Rodríguez. Viudo de Josefa Barranco.

Contrae matrimonio en la iglesia Mayor con Dolores Jerónimo Vílches, natural de Almuñécar, nacida en 1.869, hija de Miguel Jerónimo Barnes, y Magdalena Vilches.

Los casa el párroco José Cambil Gutiérrez.

Actúan como testigos Nicolás Jerónimo Herrera, y Francisco Hódar Vallado.[&]

1897,Enero,21.10:00.Almuñécar.[285]

Ha naufragado en aguas del puerto de Almuñécar, el laúd titulado "Dos Hermanos", salvándose afortunadamente la tripulación. Venía de Motril y era de la matrícula de los señores Blanes.

El naufragio del "Dos Hermanos", lo ha motivado el fuerte temporal que desde hace algunos días reina en todos los puertos de la costa.

1897,Enero,22.10:00.Almuñécar.[286]

A causa del temporal reinante en la cosa, el laúd que salió del puerto de Motril, "*Dos Hermanos*" con matrícula de Blanes, se fue a pique en aguas de Almuñécar. Se ha perdido la carga, aunque no ha habido desgracias personales.

1897,Enero,22.Motril.[287]

Durante la primera quincena de enero el movimiento de buques en el puerto de Motril ha sido:

Entraron las laudes:

María, en lastre, de Almuñécar
Joven Francisco, con carga general, de Málaga
Tovalo, con vinos, de Cartagena
San Francisco, en lastre, de Estepona
Tres Hermanos, con cajas, de Alicante
Dolores, en lastre, de Garrucha
Isabelita, con carga general, de Adra
San Francisco Javier, con carga general, de Almería
Dos Hermanos, con varios efectos, de Albuñol
Joven Juanito, con varios efectos, de Barcelona

Y el vapor Cabo Ortegal, con carga general, de Málaga

Salieron los laudes:

María, con mineral, para Garrucha
Ligero, en lastre,para Torrevieja
San Tovalo, en lastre, para Cartagena
Joven Francisco, con azúcar, para Málaga
Dolores, con carga mineral, para Garrucha
Tres Hermanos, con cajas, para Sevilla
Providencia, con cargamento de maderas, para Albuñol
Dos Hermanos,con varios efectos, para Almuñécar
Joven Pepito, en lastre, para Málaga
San Francisco,con frutos del país, para Vergel

Y los vapores Cabo Ortegal y Alveracho, con cargamento general, para Almería y Barcelona, respectivamente.

1897,Mayo,21.Granada.[288]

283 https://www.familysearch.org/ark:/61903/3:1:33S7-9RRQ-962?i=168&wc=7BBW-2TP%3A391376202%2C391376203%2C1585447202&cc=2015356 [enero 2019]

284 http://gw1.geneanet.org/index.php3?b=fdelagunooviedo&=es;pz=pablo;nz=de+laguno+munoz;ocz=0;p=francisco;n=gomez+Rodriguez;oc=1 [junio 2009], https://familysearch.org/pal:/MM9.1.1/XPKC-J46 [abril 2012], https://books.google.es/books?id=YjZgk3UrPq4C&pg=PA58&lpg=PA58&dq=%22Jos%C3%A9+Cambil+Guti%C3%A9rrez%22+Motril&source=bl&ots=xUjICYxBu3&sig=OqO0y2wu6Id-fVaUWzg2uVSu_Dk&hl=es&sa=X&ei=qLu6VMbcMsi2UdymhKAC&ved=0CCEQ6AEwAA#v=onepage&q=%22Jos%C3%A9%20Cambil%20Guti%C3%A9rrez%22%20Motril&f=false [enero 2015], https://familysearch.org/ark:/61903/1:1:XPKC-J46 [enero 2015]

285 La publicidad : diario de avisos noticias y telegramas. Eco fiel de la opinión y verdadero defensor de los intereses morales y materiales de Granada y su provincia: Año XV Número 3866 - 1897 enero 23 pp.2, El pueblo : Periódico republicano: Año VII Número 573 - 1897 enero 24 pp.3

286 'El pueblo : Periódico republicano' - Año VII Número 573 (24/01/1897),pp.3

287 'El Defensor de Granada : diario político independiente' - Año XVIII Número 9434 (22/01/1897),pp.2

288 El Defensor de Granada : diario político independiente: Año XVIII Número 9553 - 1897 mayo 22 pp.1

Con motivo de la agresión de que hicieron objeto dos malhechores a la Guardia Civil en término de Otivar, ha salido para Motril y Almuñécar el jefe de esta comandancia teniente coronel, don José García Rojo.

1897,Mayo,27.Motril.[289]

Movimiento marítimo en Motril.

En la primera decena del corriente mes, han fondeado los siguientes buques:

Cabo San Antonio
Carolina
Italia

Con carga general, procedentes de Almería, Albuñol y Málaga respectivamente.

Los buques de vela:

Concepción Salas
Manuela
Dolores
Santa Teresa, de Montilla, Garrucha y Málaga.
Los Luisita
Sebastián
Joaquina
San Vicente
Tres Pepes
Vélez-Málaga
San Esteban

Procedentes de Aguilas, Melilla, Almería, Almuñécar, Barcelona, Torre del Mar y Melilla.

Y los laudes:

Juanito
Pepita
Alejo 2º, de Almería.

En el mismo tiempo han salido el Jovén José, para Sevilla, y los demás buques mencionados para Barcelona, Málaga, Alicante, Almería, Valencia, Castell de Ferro, Garrucha y otros puntos marítimos.

1897,Septiembre,21.Calahonda.[290]

Los distinguidos jóvenes ciclistas señores Muller y Galindo de Almuñécar han visitado el puerto de Calahonda, haciendo el viaje en sus máquinas, con el fin de devolver el saludo a sus amigos y compañeros, que anteriormente visitaron Almuñécar.

De Calahonda al Faro, trayecto largo de carrera, establecieron ambos ciclistas una de competencia, cuyo premio consistía en un precioso bouquet de flores confeccionado por distinguidas señoritas del concurrido puerto. El Jurado compuesto de aquellas y varios bañistas huéspedes de la Fonda del Mar, vióse perplejo en la adjudicación del sencillo regalo, porque los señores Muller y Galindo a un tiempo llegaron a la meta en velocísima carrera, y por fin, previo el asentimiento de ambos legítimos acreedores, acordó distribuir las flores entre las señoritas que se hospedan en la hermosa Fonda del Mar.

La original carrera fue una verdadera fiesta amenísima y simpática que terminó con un animado baile en el Salón de la Plaza, donde se pasó un rato divertido.

Después, los ciclistas fueron despedidos por la colonia veraniega con grandes muestras de afecto y tanto unos como otros conservarán grato recuerdo de su visita a Calahonda.

1897,Noviembre,12.Motril.[291]

En virtud de la orden que ha circulado el nuevo ministro de Fomento, señor conde de Xiquena, la carretera de la costa como las demás de España, no se sacará a subasta por ahora. Esta noticia ha causado muy mal efecto en Motril, Almuñécar, Calahonda y Albuñol, pues todos estos pueblos pierden la ocasión de conjurar la crisis agrícola y obrera que cada día arranca mayor número de braceros a la emigración.

1897,Noviembre,23.Motril.[292]

El juez de instrucción de Órgiva ha permanecido varios días en Motril. Su venida se relaciona con un asunto que dara mucho ruido y que es comentadísimo en todas partes. Se trata de la prisión en la cárcel de Motril del notario de Almuñécar, José Romero, de su escribiente oficial de la notaría Vicente Sánchez, del elocuente conocido abogado José Espinosa Bustos y de su hijo político José Benavides.

En Motril han producido sensación estos hechos sobre los que se hacen los más variados y peregrinos comentarios.[&]

---

289 El Defensor de Granada : diario politico independiente: Año XVIII Número 9558 - 1897 mayo 27 pp.1
290 El Defensor de Granada : diario politico independiente Año XVIII Número 9773 - 1897 septiembre 21 pp.1
291 El Defensor de Granada : diario politico independiente Año XVIII Número 9825 - 1897 noviembre 12 pp.2
292 El Defensor de Granada : diario politico independiente Año XVIII Número 9838 - 1897 noviembre 25 pp.2

1897,Noviembre,30.Madrid.[293]

De real orden se han aprobado los expedientes informativo de los trozos primeros de la carretera de Talará a Almuñécar y el de la de Nigüelas a la de Granada a Motril, confirmando las clasificaciones de tercer orden con que figuran en el plan general de las del Estado.

1897,Diciembre,3.Salobreña.[294]

La Guardia Civil de Salobreña ha instruido atestado contra José Mingorance Cano, conductor de la correspondencia entre Almuñécar y Motril, por falsificación de un documento.

1897,Diciembre,3.Motril.[295]

Ha marchado a Granada, después de inspeccionar los trozos de carretera en construcción de Calahonda y Almuñécar, el distinguido ingeniero de Obras Públicas Nicolás Orbe.

[Nicolás Orbe y Asencio]

1897,Diciembre,19.Motril.[296]

El marqués de Vistabella, a través de su administrador, ha entregado 100 pesetas al hospital de Motril, 50 al de Almuñécar y otras 100 con destino a la Cruz Roja.

1898,Enero,1.Granada.[297]

En la calle Hº Oro, 9 residen:

José Castillo Sánchez, de 49 años, de Sorvilán, retirado, casado con
Francisca Ochando del Arbol, de 45 años, de Montillana, Granada
Antonia Castillo Ochando, de 15 años, de Adra, Almería
Aurelia Castillo Ochando, de 11 años, de Motril
María Castillo Ochando, de 9 años, de Villa Martín, Cádiz
José Castillo Ochando, de 6 años, de Albuñol
Francisco Castillo Ochando, de 4 años, de Albuñol
Enrique Castillo Ochando, de 1 año, de Almuñécar.[&]

1898,Febrero,17.Cázulas.Almuñécar.[298]

Fallece Francisco Bermúdez de Castro y Montes.

1898,Febrero,27.Cázulas.Almuñécar.[299]

Se celebra un careo entre Andrés Torres y Antonio Franco, el de los mesoncillos, este se ha declarado autor del asesinato de Francisco Bermúdez de Castro y Montes.

1898,Abril,3.Granada.[300]

Ha regresado de Motril, Torrenueva, Almuñécar y Salobreña, el celoso delegado del banco Vitalicio de España, en esta provincia, José Figueroa Robles.

1898,Mayo,26.Almuñécar.[301]

Fallece el licenciado de medicina y cirugía Miguel de Páramo y Jiménez.

1898,Junio,15.[302]

El marqués de Vistabella, actual senador de reino, ha tenido la bondad de remitir al señor Enrique Almoguera cuatro magníficas casullas, con destino a la capilla del hospital de Almuñécar.

1898,Agosto,25.Granada.[303]

Se publica un anuncio:

"Coche para baños"

Se alquila en módico precio un coche que debe salir el día 29 por la tarde para Motril o Almuñécar. Para tratar, Cuesta del Pescado, núm. 8"

293 El Defensor de Granada : diario político independiente Año XVIII Número 9843 - 1897 noviembre 30 pp.1
294 El Defensor de Granada : diario político independiente Año XVIII Número 9846 - 1897 diciembre 3 pp.1
295 El Defensor de Granada : diario político independiente Año XVIII Número 9848 - 1897 diciembre 5 pp.2
296 'El Defensor de Granada : diario político independiente' - Año XVIII Número 9863 (21/12/1897),pp.2
297 https://familysearch.org/ark:/61903/3:1:33S7-9P28-V2W?mode=g&i=1068&wc=QPYV-74Q%3A391376202%2C391376203%2C391458001&cc=2015356 [abril 2017], https://familysearch.org/ark:/61903/1:1:XP2P-FJL [abril 2017]
298 'El Defensor de Granada : diario político independiente' - Año XXI Número 11756 (16/02/1900),pp.2
299 'El Defensor de Granada : diario político independiente' - Año XIX Número 10031 (01/03/1898),pp.3
300 El Defensor de Granada : diario político independiente Año XIX Número 10064 - 1898 abril 3 pp.2
301 El Defensor de Granada : diario político independiente: Año XXVII Número 13699 - 1905 septiembre 28 pp.3
302 ''El Defensor de Granada : diario político independiente' - Año XIX Número 10136 (15/06/1898),pp.2
303 El Defensor de Granada : diario político independiente Año XIX Número 10207 - 1898 agosto 25 pp.3

1898,Septiembre,22. Motril.[304]

Se decide que el coche que hace su recorrido Motril-Almuñécar lo haga en combinación con el de "*La Motrileña*".

1898,Septiembre,22. Motril.[305]

La nueva empresa del coche que tan a satisfacción de los viajeros presta sus servicios desde Motril a Almuñécar, ha dispuesto que sus magníficos vehículos corran diariamente en combinación con el coche "La Motrileña".

1898,Noviembre,27. Almuñécar.[306]

El cuerpo de carabineros de la comandancia de Motril ha cogido cerca de Almuñécar un importante contrabando de tabaco, sus propietarios alijaron aprovechando el temporal.

1899,Enero,8.noche. Almuñécar.[307]

Dos individuos han atracado a la correspondencia de Almuñécar a Motril en la zona conocida como "Pencar de Allorce".

Los atracadores arrebataron al conductor, José Mingorance, de 50 duros en billetes del banco y 15 pesetas en plata y calderilla.

1899,Febrero,18. Motril.[308]

Las últimas fiestas de carnaval han estado muy desanimadas ofreciendo escasa originalidad las pocas máscaras que han recorrido las calles de Motril.

Sólo merece citarse una estudiantina compuesta de distinguidos jóvenes, siendo muy celebrado uno de los jóvenes, que tocaba el arpa y cantaba intencionadas coplas, alusivas a cuestiones locales, con la música de la zarzuela, El gachó del arpa.

También recorrió las calles una comparsa, compuesta de individuos procedentes de Almuñécar, socios de la Cruz Roja, que postularon públicamente, recogiendo importante cantidad en metálico.

1899,Marzo,6. Restábal.[309]

Se han inaugurado las obras para construir el trozo 1º de la carretera, comprendido entre Talará y Pinos del rey, de la carretera del Estado de Talará a Almuñécar.

Las gestiones practicadas cerca del Gobierno para que este primer trozo se saque a subasta y se construya se deben al diputado por Motril Sr. Díaz Moreu, apoyadas en la ley votada en las Cortes, por la que se hizo la concesión, que fue propuesta y alcanzada por don José Ortega Saenz-Diente, hijo del país y diputado a Cortes por Cuenca.

1899,Abril,29. Granada.[310]

Se encuentra en la capital, procedente de Motril, D. Gonzalo Hernández, concejal del Ayuntamiento de Motril y sobrino del general Hernández Velasco. Así como Luis Vinuesa Molina, alcalde de Motril y José Romera, alcalde de Almuñécar.[&]

[Gonzalo Hernández Cuevas]

[Cándido Hernández Velasco]

1899,Junio,4. Granada.[311]

Acompañado del ingeniero oficial, ha salido para Motril, Salobreña y Almuñécar, el ingeniero industrial de la región, José Cano Polidano.

1899,Julio,1. Granada.[312]

La confeccionadora de fajas higiénicas y corsés Dª Lutgarda López que habita en esta capital calle Santa Paula 31, Principal, número 8, sale mañana domingo para Motril, Almuñécar y Salobreña.

En el primero de dichos puntos parará en la Fonda de Victoriano, a donde podrán hacer sus encargos las personas que deseen utilizar sus servicios.

Su estancia en las indicadas poblaciones será muy breve, pues tiene que regresar pronto a Granada, para atender a numerosos encargos de esta localidad.

---

304 'El pueblo : Periódico republicano' - Año VIII Número 804 (22/09/1898), pp.3

305 La publicidad : diario de avisos noticias y telegramas. Eco fiel de la opinión y verdadero defensor de los intereses morales y materiales de Granada y su provincia: Año XVI Número 4437 - 1898 septiembre 22 pp.2

306 El Defensor de Granada : diario político independiente Año XIX Número 10304 - 1898 noviembre 30 pp.2

307 'El Defensor de Granada : diario político independiente' - Año XX Número 10364 (31/01/1899),pp.1

308 El Defensor de Granada : diario político independiente Año XX Número 10382 - 1899 febrero 18 pp.2

309 La publicidad : diario de avisos noticias y telegramas. Eco fiel de la opinión y verdadero defensor de los intereses morales y materiales de Granada y su provincia: Año XVII Número 4603 - 1899 marzo 8 pp.2

310 'El Heraldo Granadino : Diario independiente' - Año I Número 60 (29/04/1899), pp.3

311 'El Defensor de Granada : diario político independiente' - Año XX Número 11027 (04/06/1899),pp.2

312 El Defensor de Granada : diario político independiente: Año XX Número 11534 - 1899 julio 1 pp.2

1899,Julio,26.Granada.[313]

Contraen matrimonio, posiblemente en Almuñécar o Itrabo, Francisco Javier Medina Ruiz, de Almuñécar, con María Antonia Alabarce Carrascosa, de Itrabo.[&]

[Bisabuelos paternos-paternos mios].

1899,Agosto,1.Granada.[314]

Desde hoy, y en combinación con los coches de Calahonda y Almuñécar, saldrá una góndola auxiliar a los coches de "*La Motrileña*", a precios sumamente baratos.

1899,Agosto,1.Granada.[315]

Se han dado las órdenes oportunas para que las fuerzas de guardia civil de los puestos por cuyas demarcaciones ha de atravesar la décima colonia escolar granadina, que habrá salido esta mañana con dirección a Almuñécar, vigile la carretera de Granada a Motril por si fuese necesario utilizar sus servicios.

1899,Agosto,2.10:00.Motril.[316]

Llega la Colonia Escolar de Vacaciones que salió de Granada y se dirige a las saludables playas de Almuñécar.

1899,Agosto,2.Granada.[317]

Se alquila un coche en módico precio para hacer el viaje desde Almuñécar o Motril a Granada.

Razón: Paseo de la Bomba, número 3, junto a la huerta del Marqués.

1899,Agosto,2.Granada.[318]

Baños.

Se alquila un coche en módico precio para hacer el viaje de Almuñécar o Motril a Granada, el día 2 de agosto y otro para el viaje de Granada a Motril o Almuñécar, el día 28 de agosto.

Paseo de la Bomba núm.3, junto a la huerta del Marqués.

1899,Agosto,4.tarde.Granada.[319]

Sale para Motril y Almuñécar el agente del Banco de España don Francisco del Saz.

1899,Agosto,10. Granada.[320]

Regresa de Motril y Almuñécar el corredor del Banco de España, Francisco del Saz.

1899,Agosto,11. Granada.[321]

El Gobernador civil ha impuesto multa de 50 pesetas a los alcaldes de:

Peligros
Motril
Almuñécar
Guajar Faragüit
Jete
Lújar

Por no haber enviado acta de constitución de los nuevos ayuntamientos.

[Gobernador: Eduardo Sanz y Escartin]

1899,Agosto,15. Granada.[322]

Se publica anuncio en la prensa de Granada.

"*Baños. Se alquila un coche en módico precio para hacer el viaje de Almuñécar o Motril a Granada, el día 2 de Agosto y otro para el viaje de Granada a Motril o Almuñécar, el día 28 de Agosto.*

Paseo de la Bomba, núm.3, junto a la huerta del Marqués."

---

313 https://familysearch.org/pal:/MM9.1.1/XPLC-7TB [marzo 2012], https://familysearch.org/pal:/MM9.1.1/XPLC-7TY

314 'El Heraldo Granadino : Diario independiente' - Año I Número 148 (01/08/1899), pp.2, 'El Defensor de Granada : diario político independiente' - Año XX Número 11559 (01/08/1899),pp.2, La publicidad : diario de avisos noticias y telegramas. Eco fiel de la opinión y verdadero defensor de los intereses morales y materiales de Granada y su provincia: Año XVII Número 4747 - 1899 agosto 2 pp.2

315 La publicidad : diario de avisos noticias y telegramas. Eco fiel de la opinión y verdadero defensor de los intereses morales y materiales de Granada y su provincia: Año XVII Número 4746 - 1899 agosto 1 pp.2

316 'El Heraldo Granadino : Diario independiente' - Año I Número 149 (02/08/1899), pp.2, La publicidad : diario de avisos noticias y telegramas. Eco fiel de la opinión y verdadero defensor de los intereses morales y materiales de Granada y su provincia: Año XVII Número 4747 - 1899 agosto 2 pp.1

317 'El Defensor de Granada : diario político independiente' - Año XX Número 11552 (25/07/1899),pp.3

318 La publicidad : diario de avisos noticias y telegramas. Eco fiel de la opinión y verdadero defensor de los intereses morales y materiales de Granada y su provincia: Año XVII Número 4747 - 1899 agosto 2 pp.3

319 'El Heraldo Granadino : Diario independiente' - Año I Número 151 (04/08/1899), pp.2

320 'El Heraldo Granadino : Diario independiente' - Año I Número 156 (10/08/1899), pp.2

321 La publicidad : diario de avisos noticias y telegramas. Eco fiel de la opinión y verdadero defensor de los intereses morales y materiales de Granada y su provincia: Año XVII Número 4756 - 1899 agosto 11 pp.1

322 La publicidad : diario de avisos noticias y telegramas. Eco fiel de la opinión y verdadero defensor de los intereses morales y materiales de Granada y su provincia: Año XVII Número 4760 - 1899 agosto 15 pp.3

1899,Agosto,22.Motril.[323]

Han sido multados con 500 pesetas los alcaldes de Motril y Almuñécar por haber autorizado la inhumación del cadáver de D. Benito Vidaurreta Ursul, sin llevar las formalidades legales.

1899,Agosto,28.noche.Granada.[324]

Se alquila un coche en módico precio para hacer el viaje de Granada a Motril o Almuñécar.

Razón: Paseo de la Bomba, número 3, junto a la huerta del Marqués.

1899,Septiembre,1.Granada.[325]

Se informa que en el paso de la 10ª Colonia Escolar granadina por Motril hacia Almuñécar, su alcalde, Luis Vinuesa Molina, invitó a un almuerzo a los niños y a sus directores. Días después el presidente de la Sociedad de Colonias Escolares de Vacaciones, Eduardo G. Duarte agradeciendo este gesto.

[Eduardo García Duarte]

1899,Septiembre,3.Granada.[326]

Han regresado de una excursión a Motril, Almuñécar y Málaga, los jóvenes ciclistas D. Juan Echevarría Capdevila, y D. Enrique Gades, que han pasado en Málaga una larga temporada.

---

323 La publicidad : diario de avisos noticias y telegramas. Eco fiel de la opinión y verdadero defensor de los intereses morales y materiales de Granada y su provincia: Año XVII Número 4767 - 1899 agosto 22 pp.2

324 'El Defensor de Granada : diario político independiente' - Año XX Número 11552 (25/07/1899),pp.3

325 'El Heraldo Granadino : Diario independiente' - Año I Número 175 (01/09/1899), pp.3

326 El Defensor de Granada : diario político independiente: Año XX Número 11590 - 1899 septiembre 3 pp.2

GABRIEL MEDINA VÍLCHEZ
Principado de Montecristo
609@609.es

www.ingramcontent.com/pod-product-compliance
Ingram Content Group UK Ltd.
Pitfield, Milton Keynes, MK11 3LW, UK
UKHW061828190726
13853UKWH00009B/2501

9 798418 153777